Egbert Asshauer

Tulkus – Das Geheimnis der lebenden Buddhas

W0178343

HERDER spektrum

Band 4930

Das Buch

Tulkus – das sind von ranghohen Lamas erkannte und offiziell ernannte Reinkarnationen großer spiritueller buddhistischer Meister, meist Kinder, die dann eine intensive, spezielle Ausbildung erfahren. Derzeit gibt es in den verschiedenen Schulen einige Hundert von ihnen. Sie sind geistige und materielle Erben ihrer Vorgänger und Leitbilder und Identifikationsfiguren der Tibeter. Der Konflikt um die Ernennung des Karmapa (einer wurde vom Dalai Lama und den Chinesen anerkannt, der andere wurde nach Indien gebracht und wird Anfang 2000 nach Deutschland kommen) und das daraus erfolgende weltweite Schisma zeigt die große und auch politisch brisante Bedeutung des Themas.

Egbert Asshauer hat als Fachmann für tibetische Medizin seit über 15 Jahren intensive Kontakte mit tibetischen Klöstern in Südindien und mit dem Dalai Lama. Mit Unterstützung des Dalai Lama hat er nun im Verlauf mehrerer Reisen viele tibetische Tulkus persönlich aufgesucht und 25 junge Tulkus im Alter zwischen 9 und 28 Jahren interviewt, dazu 14 Tulkus, die teils deren Mentoren, teils Linienhalter der verschiedenen Traditionen sind. Er hat das Gespräch mit Lamas und vielen Fachleuten gesucht und nun ein Buch geschrieben, das für eine breite Leserschaft dieses System und die darin repräsentierten Menschen vorstellt. Die historische Entwicklung des Tulkusystems wird ebenso dargestellt wie die religionsphilosophischen Grundlagen der Wiedergeburtslehre (auch vor dem Hintergrund abendländischer Vorstellungen). Im Zentrum aber stehen die „lebendigen Buddhas", also das Auffinden und die Ausbildung von Tulkus, insbesondere mit den damit verbundenen Fragestellungen, die sich in der Moderne ergeben. Ein spannendes Sachbuch zu einem spannenden Thema über das mystische Antlitz des tibetischen Buddhismus.

Der Autor

Dr. Egbert Asshauer hat als Facharzt für Innere Medizin und als Akupunkteur in Hamburg gearbeitet, jetzt lebt er als freier Schriftsteller in Deutschland und Italien. Er ist Autor eines Buches über traditionelle chinesische Medizin und mehrerer Bücher über tibetische Heilkunst. Bei Herder Spektrum: Tibets sanfte Medizin; Herausgeber und Coautor von: Tenzin Choedrak, Ganzheitlich leben und heilen.

Egbert Asshauer

Tulkus – Das Geheimnis der lebenden Buddhas

Gespräche, Begegnungen, Hintergründe

Mit Schwarzweißfotos von Sigrun Asshauer

Herder
Freiburg · Basel · Wien

Gedruckt auf umweltfreundlichem,
chlorfrei gebleichtem Papier

Originalausgabe

Alle Rechte vorbehalten – Printed in Germany
© Verlag Herder Freiburg im Breisgau 2000
Umschlaggestaltung und Konzeption:
R·M·E München / Roland Eschlbeck, Liana Tuchel
Umschlagmotiv: Ling Rinpoche, © Alison Wright
Satz: Rudolf Kempf, Emmendingen
Herstellung: Freiburger Graphische Betriebe 2000
ISBN 3-451-04930-9

Inhalt

Vorwort

Tulkus – das sind im tibetischen Buddhismus von ranghohen Lamas aufgefundene und offiziell anerkannte Reinkarnationen großer spiritueller Meister. Wir wollen in diesem Buch jenen Moment in der Geschichte des tibetischen Buddhismus beleuchten, in dem eine neue Generation junger Tulkus im Exil heranwächst und sich mit der Moderne konfrontiert sieht. Ihre oft berühmten Vorgänger waren diejenigen Lamas, die nach 1959 nach Indien geflohen sind und in den 70er und 80er Jahren die Lehre Buddhas in alle Welt verbreitet haben.

Die Tulkus leben mitten unter uns, allgemein anerkannte und solche, die nie gesucht oder gefunden worden sind. Es gibt sie in Tibet und China, in Indien und im Westen. Sie sind lebendige Buddhas, wirklich und wahrhaftig unsterblich. Sie zeigen uns, was der menschliche Geist vermag, wenn er sich denn nur entwickeln kann.

Wer im Westen einem Lama zuhört, wird mit einer Lehre konfrontiert, die logisch ableitbar und mit dem Verstand faßbar und nachprüfbar ist – so ganz anders als die abergläubische Welt voller Heiliger und Hexer, die etwa Alexandra David-Neel in ihren Büchern beschrieben hat. Aber offenbar liegen Rationales und scheinbar Irrationales bei den tibetischen Lehrern eng beisammen, sehr viel enger, als es von uns wahrgenommen wird. Ich sage „scheinbar", weil die Lamas auch dafür eine logische Erklärung haben. Für den gläubigen Tibeter steht fest: Gerade die Tulkus stehen ihr ganzes Leben lang in Verbindung mit göttlichen Wesenheiten, von denen sie beschützt und beraten werden, und von ihrem Tod und ihrer Wiedergeburt werden viele wunderbare Dinge berichtet. Erst ganz allmählich wurde das andere, das mystische Gesicht Tibets, das da in den Erzählungen der Tulkus immer wieder aufleuchtete, deutlicher für mich, heller und faßbarer.

Die authentische Basis dieses Buches sind Interviews mit jungen Tulkus und ihren Lehrern aus allen tibetischen Traditionen, die ich, ausgestattet mit einem Empfehlungsschreiben S. H. des Dalai Lama, 1999 zusammen mit meiner Frau in 21 Klöstern Indiens gemacht habe. Es ist ein sachliches, aber gleichzeitig auch ein persönliches Buch. Wer nach exotischen oder außerordentlichen spirituellen Erkenntnissen sucht, wird enttäuscht sein. Soweit möglich lasse ich die tibetischen Meister selbst sprechen. Und wo zum Verständnis ihrer Ausführungen theoretische Erklärungen und Deutungen notwendig sind, beschränke ich mich auf das Wichtigste. So hat dieses Buch nicht den Anspruch einer systematischen Darstellung. Wer tiefer in die Hintergründe des tibetischen Buddhismus eindringen möchte, findet im Literaturverzeichnis sowohl populärere als auch wissenschaftlichere Bücher zu verschiedenen Themenkomplexen, die im folgenden angesprochen werden.

Entgegen dem „Mythos Tibet", wie er im Westen verbreitet wird, werden Kontroversen nicht ausgespart, und es wird auch Kritik geübt. Sie soll nicht destruktiv sein, sondern kommt aus einem tiefen Respekt vor dem Phänomen „Tulku". Das Buch ist der heranwachsenden Generation der Tulkus gewidmet, die in nicht allzu ferner Zeit unsere Lehrer sein werden.

Einleitung

Im Kontext des tibetischen Buddhismus ist ein Tulku die Reinkarnation eines Meisters, der durch tantrische Meditation über viele Leben hinweg die geistige Kraft gewonnen hat, Ort und Zeit seiner Wiedergeburt selbst zu bestimmen. Er verkörpert sich erneut als Mensch, obgleich er auf diesem Niveau seiner geistigen Entwicklung bereits die Befreiung erlangt hat: die Freiheit, nicht mehr wiedergeboren zu werden. Der Tulku verzichtet darauf aus Liebe und Mitgefühl mit allen Lebewesen, die dem Leiden im Kreislauf der Wiedergeburten unterworfen sind. Er geht den Weg eines Bodhisattvas.

In Indien ist der Glaube an die Wiedergeburt vielleicht ein Erbe der uralten schamanistischen Kulturen Zentralasiens, und dieser Glaube war einst auch bei uns lebendig – im abendländischen Kontext sprechen wir von der „Seelenwanderung". Mir ist in vielen Gesprächen deutlich geworden, daß diese Tradition im Westen fast völlig in Vergessenheit geraten ist. Aber gerade wenn wir versuchen, Glaubensinhalte einer anderen Kultur zu übernehmen oder zu verstehen, sollten wir uns da nicht unserer eigenen Überlieferungen bewußt sein?

Die Erweiterung ihres Osthandels brachte die Griechen etwa im 6. Jahrhundert v. Chr. in Kontakt mit den Kulturen nordöstlich des Schwarzen Meeres, die damals mehr oder weniger stark unter dem Einfluß des zentralasiatischen Schamanismus standen. So soll der sagenhafte Dichter Orpheus ein schamanistischer Heilkundiger und Musiker aus Thrakien gewesen sein, ein Magier, der auch wilde Tiere bannen konnte und zum Stammvater der Orphiker wurde. Sie meinten, der Mensch stamme aus göttlichem Geschlecht und seine Seele sei göttlich und unsterblich. Sie nannten sie „den Gott in uns", der im Körper gefangen sei und von dessen Leidenschaften mitgerissen werde. Um ihn zu befreien, müsse die Seele gereinigt werden. Sie glaubten an eine Wiederverkörperung der ungeläuterten Seele.

Solche Vorstellungen waren den Griechen bis dahin fremd. Die Seele war für sie das schattenhafte Ebenbild des Menschen, das sich nach dem Tode vom Körper ablöst und für immer in die Tiefen des Hades verschwindet. Nur in diesem Sinne war die Seele eines Menschen unsterblich. Die neue Lehre nährte sich wahrscheinlich aus vielen Quellen, die nicht mehr rekonstruierbar sind. Sie wurde von Pythagoras (geb. um 600 v. Chr.) und seinen Anhängern in ein philosophisches System gebracht und sollte fortan das Denken der Griechen nicht mehr loslassen und in den gnostischen Sekten bis zur Zeitenwende und darüber hinaus weiterleben.

Es gibt nichts wirklich Neues unter dem Himmel, sagten die Pythagoräer, denn alles, was je geworden ist, kehrt in gewissen Kreisläufen von neuem wieder. Sie nannten das Weltall „Kosmos" und hielten einen Ausweg aus diesem Kreislauf kosmischen Ausmaßes nur dann für möglich, wenn es gelang, die Seele zu läutern und zu reinigen. Diese sei als Bestrafung für eine ursprüngliche Schuld in unserem Körper eingekerkert, und je nach den Fehlern und Verdiensten in vergangenen Leben könne sie nach dem Tode frei werden oder müsse in einen neuen Körper eingehen. Deshalb forderte Pythagoras seine Schüler zu einem ethisch vollkommenen Leben auf.

Um alle großen Gestalten der säkularen wie der religiösen Geschichte bilden sich Legenden, in denen z.B. vom Auftreten übernatürlicher Lichterscheinungen bei ihrer Geburt und von visionären Träumen der Mütter in der Schwangerschaft die Rede ist. Wir lesen Berichte, nach denen sie sich unsichtbar machen, an verschiedenen Stellen gleichzeitig sein, durch Mauern gehen, auf dem Wasser laufen und fliegen können. Sie können hellsehen, himmlische Stimmen hören, Gedanken einer anderen Person lesen und erinnern sich an frühere Leben. Oft gibt es auch das Motiv eines heiligen Buches, das geheime Lehren enthält – dies erinnert an die „Schatzsuche", die Suche nach versteckten heiligen Texten im tibetischen Buddhismus.

Pythagoras soll sich ebenfalls an vergangene Existenzen erinnert haben, und man sagte ihm nach, daß er gleichzeitig an mehreren Orten anwesend sein konnte. Wie Orpheus hatte er Gewalt über Tiere, er bezauberte und bannte sie durch die „Macht, die in seiner Stimme lag". Er konnte Erdbeben vorhersagen, Seuchen vertreiben, Sturm und Hagelschlag bannen und Fluß- und Meereswellen beruhigen. All das war allerdings den Pythagoräern nur Beiwerk, wie es auch bei tibetischen Yogis der Neuzeit als äußerst unschicklich gilt, sich übernatürlicher Kräfte zu rühmen. Auch der Glaube an göttliche Boten, die sich den Menschen in Träumen und Visionen mitteilen, war in Griechenland sehr alt. Und das Orakel von Delphi und andere hatten – wie die Staatsorakel Tibets – eine große, auch politische Bedeutung.

Auch Platon (427–347 v. Chr.) – und bis zu einem gewissen Grade auch sein Schüler Aristoteles (384–322 v. Chr.) – stand unter dem Einfluß orphischer und pythagoräischer Lehren. Für Platon war die Seele ein rein geistiges Wesen, das dem Leib seine Bewegungskraft, seine Energie mitteilt, ohne durch ihn bedingt zu sein. Animalische Begierden fesseln sie im Körper, und es hängt von ihrem Kampf gegen sie ab, ob und wie lange sie sich nach dem Tode wieder verkörpern muß, als Mensch, aber auch als Tier.

Die Reinigung der Seele bestand für Platon in der Übung der geistigen Versenkung und Konzentration. Alles, was mit dem Denken für den Menschen erfaßbar ist, sei als Samen immer schon in ihm vorhanden. Die Bedingung der Erlösung der Seele aus den Banden des Körpers ist das Wissen um das wahrhaft Seiende, dann kehrt die Seele zurück in das Reich der ewigen Ideen und lebt in alle Ewigkeit und außerhalb jeder Zeit, ohne sich mit anderen Seelen zu vermischen. Sie ist vom Zwang zur Wiedergeburt auf immer befreit.

Ob wir im buddhistischen Kontext von unserer Buddhanatur reden, die wie ein Same in uns ruht, vom leidvollen Kreislauf der Wiedergeburten, in die uns unsere Begierden immer wieder treiben, von den Verdunkelungen unseres Geistes, die uns den Blick auf die letztendliche Wirklichkeit versperren, oder von der Erkenntnis der Leerheit, die uns befreit: Alles das ist auch im Abendland schon einmal gedacht und durchdacht worden – es ist die Folie, auf der sich heute im Westen die Lehren Buddhas abbilden.

Die Lehre von der Seelenwanderung hat weder im Judentum noch im Christentum einen bleibenden Widerhall gefunden. Erst in unserer Zeit hat sie vor allem aus den Erfahrungen mit bewußtseinserweiternden Techniken wie Hypnose, mit denen die Patienten in frühere Existenzen zurückgeführt werden, neue Impulse bekommen. Solche Erinnerungen sind kaum nachprüfbar, ihr Auftauchen hat aber die gleiche ausgleichende und heilende Wirkung wie die Erinnerung an frühkindliche Traumen in der Psychoanalyse.

Auch haben in den letzten Jahren viele Menschen über Nahtoderfahrungen berichtet: Sie sollen dem Übergang von der physischen zur geistigen Existenzebene entsprechen, dem Zwischenzustand („Bardo") zwischen Tod und Wiedergeburt, wie er im tibetischen Totenbuch beschrieben wird. Der Dalai Lama, den der westliche Wissenschaftler Francisco Varela dazu befragt hat, bezweifelt das jedoch. Für ihn und andere Lamas, die sich dazu geäußert haben, gehören diese Erfahrungen durchaus zum diesseitigen Bereich, zum Leben, das von Geburt und Tod begrenzt wird.

Anders müssen spontane Rückerinnerungen bewertet werden, die Stevenson (vgl. Bache 1993) aus zehn Kulturen zusammengetragen hat. Sie werden am häufigsten in Ländern beobachtet, in denen die Wiedergeburt als selbstverständlich angenommen wird, und treten meist bei Kindern auf, die in ihrem früheren Leben eines gewaltsamen Todes gestorben sind. Sie erinnern sich am lebhaftesten an die Ereignisse, die zu ihrem Tod geführt haben. Der zeitliche Abstand zwischen Tod und Wiedergeburt betrug bei diesen Kindern weniger als drei Jahre, und sie erinnerten sich im Alter zwischen zwei und fünf Jahren spontan an frühere Leben – eine Erfahrung, der wir bei den Tulkus wieder begegnen.

Es gibt heute im Westen viele Menschen, die an die Wiedergeburt, an Engel und andere Geistwesen, an Lichtwesen, Geistführer und Channeling glauben. Solche Vorstellungen sind oft – u. a. bei den Theosophen Ende des 19. Jahrhunderts – mit östlichen Vorstellungen zu einem esoterischen Brei vermischt. Sie alle können von den Tulkus lernen. Denn der Weg zur Erleuchtung ist ein harter Weg, ein Prozeß der geistigen Läuterung, in dem man zuallererst auf sein Ego verzichten muß. Dies fällt uns im Westen wohl am schwersten, denn es bedeutet Dienen, Demut und Aufopferung und nicht: sich hinsetzen, meditieren und „geführt" werden, von welchen höheren Wesen auch immer.

I. Die vier Traditionen des tibetischen Buddhismus

Ein Tulku ist nicht einfach ein Tulku – man spricht ihn mit „Rinpoche" an –, sondern er gehört zu einer bestimmten Tradition. Das hat nicht nur einen Einfluß auf die Lehren, die er vertreten wird, sondern auch auf die Art seiner Auffindung und Erziehung. Wir werden das später sehen.

Es war der ausdrückliche Wunsch des Dalai Lama, daß wir über Tulkus aller Schulen des tibetischen Buddhismus berichten. Sie sind sicher nicht allen Lesern bekannt: Von Rotmützen und Gelbmützen haben die meisten schon einmal gehört, wobei andere Schulen oder Traditionen nicht weniger wichtig sind. Noch eine weitere Bemerkung zum besseren Verständnis: Der Dalai Lama gehört der Gelug-Tradition an – er ist ein Gelugpa. Andere Lamas sind Nyingmapas, Sakyapas oder Kagyüpas – und es gibt Bönpos. Das sind Angehörige der Böntradition, der vormals schamanistischen, vorbuddhistischen Religion Tibets, die zahlenmäßig keine Rolle spielen – sie werden in diesem Buch nicht mehr genannt werden.

1. Die Nyingma-Tradition

Wir hörten von einem großen Yogi, den man den „Schlafenden Lama" nannte. Er sei völlig unberechenbar, hieß es, habe die ihm eigentlich zustehende Würde des Oberhauptes der Nyingma-Tradition ausgeschlagen und kümmere sich in keiner Weise um die Administration seines Klosters Mindrolling in Clement Town/ Dehra Dun in Nordindien. Diesen Mann wollten wir kennenlernen: Seine Heiligkeit den 13. Mindrolling Trizin Gyüme Kunsang Wangyal oder kurz Minling Trizin, den Thronhalter der Mindrol-

*S.H. der 13. Mindrolling Trizin. Thronhalter der Mindrolling-Schule der
Nyingma-Tradition*

ling Tradition. Die Tibeter sprechen ihn als „Kyabgön" an, was
soviel heißt wie „König der Zuflucht". Diesen Titel tragen alle
Thronhalter, die im Westen mit „Eure Heiligkeit" angeredet werden. Nur den Dalai Lama nennen die Tibeter „Kundün".

In seinem Kloster sagten uns einige junge Mönche, daß es
schwierig sei, mit dem Minling Trizin zu sprechen, weil er den
ganzen Tag schlafe. Auf meine Frage, ob er nicht vielleicht medi-
tiere, meinten sie, das wüßten sie natürlich nicht so ganz genau,
aber für sie schlafe er eben. Kein Mensch könne so viel schlafen
wie der Trizin Rinpoche. Manchmal setze er sich aber mitten in
der Nacht auf und sage, er erwarte jemanden – der dann auch tatsächlich komme, ohne angemeldet gewesen zu sein. Gelegentlich
verprügele er aber auch Besucher ohne besonderen Grund oder sage ihnen erbarmungslos, daß sie binnen eines Jahres tot sein würden – er könne ihnen nicht helfen.

Eine Geschichte über ihn ist besonders bezeichnend: Ein Mönch war in der dreijährigen Meditationsklausur verrückt geworden. Sein Geist hatte sich in der Welt des Tantra verloren und nicht mehr zurückgefunden. Man berichtete dem Mindrolling Trizin davon. Er meinte, man solle ihm den Mann nur bringen, und setzte sich in seinem vollen Ornat als Thronhalter auf seinen Thron. Er sah sich den Mönch an und fing plötzlich an zu lachen. Er lachte und lachte immer lauter und fiel schließlich in ekstatischem Lachen von seinem Thron. Der verrückte Mönch schämte sich dermaßen, daß er zum Anlaß dieses Thronsturzes seines hochverehrten Lamas geworden war, daß er auf der Stelle seinen Verstand zurückgewann.

Wir wurden zu ihm geführt. Seine Heiligkeit saß auf seinem Bett und lächelte uns freundlich an. Seine langen, grauen Haare waren zu einem Pferdeschwanz zusammengebunden. Auf den ersten Blick hatten wir ihn für eine Frau gehalten. Ich durfte ihm nur eine einzige Frage stellen, die seine Frau ihm übersetzte. Sie sprach dabei sehr laut – der Minling Trizin war offensichtlich schwerhörig. Dann segnete er unsere tibetischen Begleiter und meine Frau und schlug mich, als ich an die Reihe kam, heftig mit der Faust fünfmal auf den Hinterkopf. Ich war etwas verwirrt, weil ich nicht wußte, was ich davon halten sollte. War es ein Segen oder waren es schlichtweg Prügel? Aber man versicherte mir später, daß der große Yogi dies getan hätte, um „obstacles" (Beeinträchtigungen oder Behinderungen) von mir abzuwenden, und daß dies eine große Auszeichnung gewesen sei.

Mindrolling gehört zu den Nyingmapas, die Padmasambhava, den die Tibeter Guru Rinpoche nennen, als zweiten Buddha und Gründer ihrer Tradition verehren. Er hat das Rad der Lehre zum dritten Mal gedreht und den Tantrismus im 8. Jahrhundert in den tibetischen Buddhismus integriert. Guru Rinpoche hat auch die Dämonen der Bön-Religion, die bis dahin in Tibet herrschte, bezwungen und durch Eide gebunden, fortan als Beschützer der Lehre des Buddha zu wirken. Bis heute sollen sich die Nyingmapas magischer Praktiken bedienen, die nicht unbedingt in den Tantrismus einzuordnen sind.

Khochhen Tulku ist der Verwaltungschef des Klosters Mindrolling, einer Universität mit 335 Mönchen. Es ist das einzige Kloster der Mindrolling-Schule im Exil. In Tibet hatte sie 113 Klöster. Der Tulku sieht die allgemein übliche Darstellung der Geschichte seiner Tradition etwas anders:

„Man sagt", fragte ich, *„daß die Nyingma-Tradition auf Guru Rinpoche zurückgeht?"*

„Das ist nicht ganz richtig. Nyingma heißt ‚die Alten'. Es gab einen tibetischen Buddhismus auch schon vor Guru Rinpoche, und die Nyingma-Tradition wurde von König Songtsen Gampo (617–649) gegründet. Er ist der Gründer. Und das erste Kloster war der Jokhang in Lhasa, nicht Samye, wie es immer heißt."

„Ihre Tradition ist berühmt für die ‚Tertöns' oder ‚Schatzsucher'. Können Sie darüber etwas sagen?"

„Ja, der Gründer von Mindrolling war ein Tertön. Er hieß Terdak Lingpa und lebte" – er sieht in einem Buch nach – „um 1646. Guru Rinpoche hatte bestimmte Texte und anderes, eben ‚Schätze', versteckt, weil die Zeit noch nicht reif war, sie zu vestehen."

„Werden solche Schätze auch heute noch gefunden?"

„Das ist durchaus möglich, es hängt vom Karma eines Tertön ab, könnte man sagen. Manchmal sind es Texte, die gefunden werden, manchmal auch Statuen oder ähnliches."

„Kann man sagen, daß ein Tertön in seiner Meditation Kenntnis von solchen Texten bekommt, also so etwas wie eine Vision davon hat?"

„Ja, es ist so etwas wie eine verborgene geistige Kraft, sie hat nichts mit dem Erleuchtungsgeist zu tun. Das sind zwei ganz verschiedene Dinge."

Die Nyingma-Tradition zeichnet sich durch die mündliche Überlieferung von Einweihungen und bestimmten Meditationspraktiken aus. Sie hat einen eigenen Schriftenkanon, ein Kompendium der „alten Tantras" aus dem 14. Jahrhundert und unterscheidet sechs verschiedene Tantraklassen, von denen die wichtigste Dzogchen (Große Vollkommenheit) ist. Es gibt sechs Unterschulen; Palyul und Mindrolling sind die bedeutendsten. Die „Thronhalter" dieser Schulen sind Tulkus, „inkarnierte Lamas", nur in der Mindrolling-Tradition gibt es eine erbliche Thronfolge: Der jeweilige Trizin ist verheiratet, und sein Sohn oder sein Neffe werden jeweils der Nachfolger. Die Minling Trizins führen den Ursprung ihrer Linie auf eine göttliche Wesenheit zurück, die aus ihrem Himmel in die Menschenwelt herabstieg und ein junges Mädchen heiratete.

Wir fragten Khochhen Tulku: *„Rinpoche, die Erbfolge in Mindrolling geht immer vom Vater auf den Sohn über. Ist das ein rein dynastisches Problem, oder geht auch das Bewußtseinskontinuum oder Namshe des Vaters auf den Sohn über wie in einer Tulkulinie?"*

„Das hat mit Namshe eigentlich nichts zu tun. Es ist eine reine Erbfolge. Aber auf der anderen Seite haben alle Trizins ein besonders hoch entwickeltes Bewußtsein, das sich von dem gewöhnlicher Menschen sehr unterscheidet. Wir einfachen Mönche dürfen nicht heiraten. Wenn wir das wollen, müssen wir unsere Gelübde zurückgeben und statt dessen andere nehmen. Aber das ist nicht das Ziel. Wie will man denn die Begierde überwinden, wenn man heiratet? Bei tantrischen Meistern ist das eine andere Situation. Ob deren Frau dann als Dakini, also als ein göttliches Wesen angesehen werden kann oder nicht, ist schwer zu entscheiden."

Das Hauptkloster der Nyingma-Tradition ist heute das Kloster Namdroling in Bylakuppe in Südindien. Es ist auch das Stammkloster der Palyul-Schule, die 1665 durch Kunsang Sherab gegründet wurde. Der inkarnierte Lama und gleichzeitig das gewählte Oberhaupt der gesamten Nyingma-Tradition ist S. H. Pema Norbu Rinpoche oder kurz Penor Rinpoche. Das Kloster ist die zentrale Ausbildungsstätte für 450 – oft sehr kleine – Nyingmaklöster in ganz Indien, Nepal und Ladakh. Andere Mönchsuniversitäten (Shedras) der Nyingmapas mit dem gleichen Ausbildungsgang wie in Namdroling sind das Kloster Mindrolling und das „Institute for Higher Buddhist Studies" in Gangtok/Sikkim.

2. Die Sakya-Tradition

Lhagod Lama, unser Übersetzer in Sikkim, erzählte uns die Geschichte der Sakya-Tradition. Er sprach mit leiser Stimme, während wir am Frühstückstisch im Haus von Ringu Tulku und seinen Verwandten saßen. Unter uns lag Gangtok, immer wieder verdeckt von Wolkenfetzen, die tief unter uns vorüberzogen. Der Anblick war unwirklich schön.

„Die Sakya-Tradition", sagte er, „hat im 11. Jahrhundert begonnen und ist sehr eng mit einer der heiligen Familien Tibets, der Khon-Familie, verbunden. Khon Konchok Gyalpo (1034–1202) hat 1073 mit dem Bau des Sakya-Klosters in Westtibet die materielle Grundlage für die Tradition gelegt. Sein Lehrer war der große Übersetzer Drogmi (992–1072), und sein Sohn Sachen Kungu Nyingpo (1092–1158) sammelte Hunderte von Sutras, Tantras und ebenso mündliche Unterweisungen, die alle zur spirituellen Basis der Sakyapas geworden sind. Zur Zeit von Chogyal Phagpa (1235–1280), einem seiner Nachfolger, erreichten die Sakyapas auch ihren politischen Höhepunkt. Er brachte den Mahayana-Buddhismus in die Mongolei und nach China und wurde der Guru des Kublai Khan. Unter seiner spirituellen und politischen Führung wurde das seit Jahrhunderten in viele kleine Herrschaftsgebiete zersplitterte Tibet wieder vereint. Er starb durch Gift. 100 Jahre später verloren die Sakyapas die politische Macht wieder, die mit der Ernennung des Oberhauptes der Gelug-Schule zum Dalai Lama (1578) an die Gelugpas überging.

Die Erbfolge bei den Thronhaltern unserer Tradition, den Sakya Trizins, geht immer vom Vater zum Sohn oder zum Sohn eines Bruders. Sie wechselt zwischen zwei verschiedenen ‚Palästen' oder Dynastien. Das Oberhaupt der derzeit nicht regierenden Dynastie, Phuntsok Phorang Rinpoche, lebt in den USA. Der jeweilige Thronfolger wird ‚Dungsey' genannt. Die Sakya Trizins sind eigentlich Laien, sie legen also keine Mönchsgelübde ab, aber sie werden wie Lamas erzogen und gelten in der Tat als sehr hohe Lamas. Es heißt, daß alle Trizins Manifestationen der drei Bodhisattvas Avalokiteshvara, Manjushri und Vajrapani sind.

Das philosophische System der Sakyapas ist bekannt als ‚Lam

Drä' – der Pfad und seine Früchte – und beruht vor allem auf dem Hevajra-Tantra, das es nur in unserer Tradition gibt. Es ist ein Gottheiten-Yoga und entspricht dem Lamrim, den Stufen des Pfades zur Erleuchtung bei den Gelugpas. Die Sakya-Tradition hat im Laufe der Jahrhunderte viele berühmte Gelehrte hervorgebracht und besaß im Kloster Sakya in Westtibet die größte buddhistische Bibliothek Tibets, die auch jetzt noch existiert.

Heute befindet sich das Hauptquartier der Sakya-Tradition im Sakya College in Rajpur/Dehra Dun, nordöstlich von Delhi. Das Studium dort ist ähnlich aufgebaut wie bei den anderen Traditionen und wird mit dem Titel eines Geshe Rabjampa abgeschlossen. Danach folgt die tantrische Ausbildung am gleichen Ort. Auch im Dzongsar Institut in Bir können die Sakya-Mönche Philosophie studieren. Ebenfalls im Distrikt Dehra Dun ist das Hauptkloster der Ngor-Schule.

Es gibt sonst nur noch jeweils ein oder zwei Klöster in Bhutan, Nepal, Südindien (Bylakuppe), und Sikkim. Alle sind sehr klein, zusammen sind es etwa 30 – in Tibet hatten wir 1000 Klöster. Die Sakyapas haben nur wenige Zentren im Westen, aber ein sehr großes und gutes in Singapur, auch eines in Indonesien. Der derzeitige Sakya Trizin hält nichts von vielen Zentren hier und dort.

Wir sind die kleinste unter den vier tibetischen Schulen mit zwei Zweigen: Ngor und Tsar. Sie sind im 15. bzw. 16 Jahrhundert gegründet worden. Die Ngor-Schule wird von vier Äbten oder Khenpos geleitet, die in Dehra Dun residieren, die sehr kleine Tsar-Schule von einem Lama in Nepal. Er heißt Chogyal Trichen und ist der letzte Lama der Tsar-Schule. Diese Schulen haben noch mehrere Schulrichtungen und unterscheiden sich weniger durch verschiedene philosophische Schriften und Kommentare als durch unterschiedliche Rituale."

Wir wollten natürlich auch mit dem Oberhaupt der Sakya-Tradition, S. H. Ngawang Kunga, dem 41. Sakya Trizin sprechen und sind ihm von Dehra Dun, wo er normalerweise residiert, nach Bir, einem kleinen Ort in den Vorbergen des Himalaja in der Nähe von Dharamsala nachgereist. Er weilte dort für einige Tage mit großem Gefolge, um neue Gebäude des Dzongsar Institutes einzu-

S. H. der 41. Sakya Trizin. Oberhaupt der Sakya-Tradition

weihen, einer Ausbildungsstätte der Sakyapas für etwa 300 Mönche – darunter fünf Tulkus –, die allen Traditionen offensteht. Hinter dem Tempel war ein großes Zelt für die vielen Gäste errichtet, und es war ein Hin und Her von aufgeregten jungen Mönchen. Auf den Gängen vor dem Audienzzimmer stand eine lange Schlange von Wartenden.

Nach einer halben Stunde wurden wir zu dem Sakya Trizin gerufen, obwohl wir uns nicht vorher angemeldet hatten. Das große Zimmer war voller Mönche, unter ihnen freundlich lächelnd der jüngere Sohn des Trizin, Dungsey Kuchen. Er war auffallend groß und schlank, mit einem sehr klaren Gesicht, daneben seine jugendlich wirkende Mutter. Der Trizin Rinpoche saß vor einem Fenster, ein Mann in seinen Fünfzigern, mit einer Ausstrahlung, die etwas von einem Yogi ebenso wie von einem Weltmann hatte, obschon sein Gesicht sehr weich wirkt. Er hatte sein langes Haar zu einem Zopf gebunden – er ist kein Mönch, wie schon oben erwähnt – und trug große goldene Ohrringe mit Türkisen, die von einem roten Band über den Ohren gehalten wurden.

„Eure Heiligkeit, kann man die Thronfolge in der Sakya-Tradition mit einer Tulkulinie vergleichen?"

„Nein, das hat nichts miteinander zu tun. Es ist eine reine Erbfolge."

„Könnte theoretisch auch eine Frau der Thronhalter werden?"

„Ja, wissen Sie, das ist wirklich theoretisch." (Er lacht.) „Und dann muß ich Sie natürlich sofort fragen: Warum gibt es denn bei Ihnen keinen weiblichen Papst?" (lacht wieder – große Heiterkeit auch bei den Zuhörern). „Aber Frauen sind bei uns keineswegs von allem ausgeschlossen, meine Schwester spielt beispielsweise bei uns eine große Rolle, wie überhaupt immer schon die Frauen in unserer Linie."

„Wie ist Ihre Tradition entstanden?"

„Nun, ursprünglich gab es nur die Nyingmapas. Die Entstehung unserer Tradition führen wir auf himmlische Wesen zurück: Es handelt sich da um die tantrischen Lehren, die Virupa, der große indische Yogi, direkt von Vajradhara, den wir Tibeter Dorje Chang nennen, erhalten hat: Das ist der primordiale Buddha – ‚der Urbuddha' –, wie Sie vielleicht wissen. Die Lehren hat der Übersetzer Drogmi dann nach Tibet gebracht."

„Welche Unterschiede gibt es zu den anderen Traditionen?"

„Die Übersetzungen der Sutren, die wir benutzen, sind etwas unterschiedlich, und im Vajrayana steht das Tantra von Hevajra ganz im Vordergrund. Überhaupt spielt bei uns die mündliche Übertragung innerhalb der Linie eine ganz wichtige Rolle. Aber das Wort des Buddha ist letztlich überall gleich."

Hinter uns entstand Unruhe, ein Sekretär flüsterte Seiner Heiligkeit etwas ins Ohr, der uns daraufhin nur noch eine weitere Frage und ein Foto gestattete. Schon warf sich der nächste Besucher vor dem Trizin nieder, und wir waren wieder draußen, aber nicht ohne eine Einladung in das Festzelt zu einem vorzüglichen Essen erhalten zu haben.

3. Die Kagyü-Tradition

Die beiden größten tibetischen Traditionen, die Kagyü- und die Gelug-Tradition haben eine gemeinsame Wurzel: Die Alte Kadam-Schule. Nach einer ersten Blüte des Buddhismus in Tibet vom 7. bis zum 9. Jahrhundert kam es im 10. Jahrhundert mit dem Zerfall des tibetischen Großreiches, das Songtsen Gampo gegründet hatte, auch zum Niedergang, ja zur Verfolgung der buddhistischen Lehre. Erst Atisha (982–1054), ein großer indischer Gelehrter, der 1042 nach Tibet gekommen war, erneuerte den Buddhismus und gründete viele späterhin weit berühmte Klöster. Daraus entstand die Alte Kadam-Tradition. Mit einem seiner Hauptwerke, „Lampe auf dem Pfad zur Erleuchtung", begründete er die Lamrim-Tradition – Lamrim bedeutet „Stufen des Pfades" –, eine Synthese der verschiedenen Linien indisch-buddhistischer Überlieferungen.

In dieser Zeit lebte auch Marpa (1012–1098), ein Schüler von Naropa (956–1040), der damals Abt der großen indischen Universität Nalanda war: Die „Sechs Yoga-Praktiken des Naropa" sind die wichtigste Meditationstechnik der Kagyüpas. Marpa gab die Lehren an Milarepa (1040–1123) weiter. Dazu gehört auch das Mahamudra (Großes Siegel).

Milarepa lebt bis heute in den „1000 Gesängen des Milarepa" im Volke fort. Er wird ikonografisch oft grün dargestellt, weil er neun Jahre nur von Brennesseln in der Einöde gelebt haben und davon ganz grün geworden sein soll. Er ist das Urbild eines Yogi: Zunächst hatte er die schwarze Magie erlernt, und nachdem er gesehen hatte, welches Unheil er damit angerichtet hatte, meditierte er später nach der indischen Siddha-Tradition, wie sie ihm von Marpa überliefert worden war. Mit bestimmten Meditationstechniken werden damit parapsychische Kräfte erzeugt, die man für das geistige Erwachen nutzt und nicht zum Schaden anderer anwenden darf.

Er hat sein Wissen dann an Gampopa, der zunächst die Kadam-

Lehren geübt hatte, weitergegeben. Gampopa (1079–1153) verband die Lamrim-Tradition der Kadam-Schule mit den tantrischen Lehren des Mahamudra und war der Begünder der Kagyü-Tradition. Der 1. Karmapa Dusum Kyenpa (1110–1193) war ein Schüler von Gampopa und Zeitgenosse von Dschingis Khan.

Die ursprünglich zwölf verschiedenen Untergruppen der Kagyü-Tradition sind im 12. und 13. Jahrhundert bis auf vier ausgestorben. Die größte Schule sind die Karma-Kagyü mit Sitz in Rumtek/Sikkim, deren Oberhaupt der Karmapa ist, der Träger des „Schwarzen Hutes" – oder auch „Krone". Der 5. Karmapa erhielt ihn 1407 von einem Kaiser der chinesischen Ming-Dynastie. Die Gyalwa Karmapas gelten wie die Dalai Lamas als Manifestationen des Bodhisattvas Avalokiteshvara und sind aus dem Kloster Tsurphu hervorgegangen, das 1185 gegründet wurde – Gyalwa Rinpoche heißt soviel wie „kostbarer Siegreicher". Ebenso wie zwei andere Tulkulinien der Kagyü-Schule, die Tai Situpas und die Shamarpas – Träger des „Roten Hutes", die immer an der Seite der Karmapas reinkarnierten – hatten sie engere Beziehungen zu den mongolischen Herrschern und chinesischen Kaisern als die anderen Traditionen und erhielten von ihnen Titel und Ränge, mit denen auch weltliche Macht verbunden war. Die Shamarpas gelten als Manifestation der erleuchteten Aktivität des Buddhas Amitabha und die Situpas als Manifestation des Buddhas Maitreya, des kommenden Buddha.

Dem 16. Karmapa, Rangjung Rigpe Dorje (1923–1981), ist es mit zu verdanken, daß nicht nur die Kagyü-Tradition, sondern der tibetische Buddhismus insgesamt nach 1959 im Westen eine große Verbreitung gefunden hat. Einer seiner Regenten (Thronverweser) ist S. E. der 12. Goshir Gyaltsab Rinpoche, der als Manifestation des Bodhisattvas Vajrapani angesehen wird und im Kloster Rumtek (Dharma Chakra Center) in Sikkim lebt. „Gyaltsab" heißt „Regent". Der Rinpoche ist ein Mann um die Vierzig mit der Ausstrahlung eines Managers eher als eines Gelehrten. Von dem Kloster selbst, etwa eine Autostunde von Gangtok entfernt, waren wir eher enttäuscht: Vielleicht lag es an dem diesigen Monsunwetter, daß der große Gebäudekomplex, verborgen hinter hohen Mauern, sehr grau und abweisend wirkte:

S. E. Goshir Gyaltsab Rinpoche, Kloster Rumtek

„Eminenz, es gibt zur Zeit drei Regenten oder „Seat-Holder" des verstorbenen 16. Karmapa, was haben sie für eine Funktion?"

„Wir kümmern uns um alle acht Untergruppen der Karma Kagyü-Tradition, also um ihr Wohlergehen, und sind eine Art Ansprechpartner und oberste Instanz für alle. Jeder von uns hat außerdem spezielle Aufgabenbereiche. Für mich heißt das, daß ich für das Kloster Rumtek verantwortlich bin wie auch für die Klosteruniversität mit 200 Studenten, an der ich auch lehre.

Das Studium dauert bei uns neun Jahre, danach bekommen die Studenten ein Zeugnis, das von der indischen Regierung ausgestellt wird. Natürlich bekommen sie auch von uns eines und erhalten den Titel Acharya Rabjampa, vergleichbar dem Geshe-Titel bei den Gelugpas. Daran schließt sich für drei Jahre die tantrische Grundausbildung an."

„Haben Sie regelmäßige Kontakte zu dem 17. Karmapa in Tibet?"

„Seine Heiligkeit ist jetzt 15 Jahre alt, und ich habe ihn bis jetzt zweimal besucht. Das ist natürlich zu selten, aber wir hoffen, daß wir den Karmapa in der Zukunft hierher in dieses Kloster bringen können, das sein Vorgänger im Exil aufgebaut hat."

Dieses Interview fand Ende September 1999 statt. Der Karmapa flüchtete im folgenden Januar aus Tibet und erreichte am 7. 1. 2000 Dharamsala:

Der 17. Karmapa, Urgyen Trinley Dorje, der vom derzeitigen 12. Tai Situpa aufgrund eines von dem verstorbenen Karmapa hinterlassenen Briefes mit Angaben über seine Reinkarnation gefunden und vom Dalai Lama ebenso wie von den Chinesen anerkannt wurde, residierte bis zu seiner Flucht in Tsurphu, dem Stammkloster der Karmapas in Tibet. Ein zweiter Karmapa – Thaye Dorje –, der vom Shamarpa, der die Echtheit des erwähnten Briefes bezweifelt, proklamiert worden ist, wurde in Lhasa als Sohn eines Nyingma-Meisters geboren und lebt jetzt in Delhi. Er wird nur von wenigen Lamas anerkannt, hat aber eine nicht unbeträchtliche Anhängerschaft im Westen und in Asien. Wir kommen auf dieses leidige Problem noch zurück.

Neben Rumtek gibt es noch ein anderes monastisches Kolleg der Kagyüpas in Delhi, das vom 16. Karmapa gegründet wurde: das Karmapa International Buddhist Institute, das heute von dem Shamarpa geleitet wird. Dort kann man semesterweise buddhistische Philosophie für vier bis neun Jahre studieren und erhält dann den Titel eines Bachelor. Das Institut steht auch Ausländern offen.

Die Drukpa Kagyü führen sich ebenfalls auf den "Ur-Buddha" Vajradhara oder Dorje Chang zurück, und die Thronhalter (die Gyalwang Drukchens) gelten als Verkörperungen von Avalokiteshvara und des Mahasiddha – frei übersetzt: Großmeister – Naropa. Der 1. Drukchen war Tsangpa Gyare (1161–1211). Die Schule war einstmals weit verbreitet in Ostasien und hat heute noch 16 Klöster mit nur 36 Tulkus in Indien, Nepal, Ladakh und Bhutan – in Bhutan ist sie die Staatsreligion. Der jetzige Drukchen ist S. H. der 12. Gyalwang Drukchen Tenzin Jigdral Lodrö. Er ist Mitte Dreißig und residiert im Kloster Druk Sangag Choling (Dali Gompa) in der Nähe der Stadt Darjeeling.

In dem sehr großzügig gebauten und gut ausgestatteten Kloster leben 150–160 meist junge Mönche, unter ihnen acht Tulkus – es ist die Universität der Drukpas. Das Dali Gompa zeichnet sich dadurch aus, daß es sich im Gegensatz zu vielen anderen Klöstern auch um die Belange der Laien im Einzugsgebiet kümmert: Es betreibt u. a. ein Hospital, ein Waisenhaus, ein Altenheim und eine Weberei.

Die Drikung Kagyü-Tradition wurde von Kyabgon Jigten Sumgön (geb. 1179) gegründet. Wie uns Nupa Kunchok Tenzing Rinpoche im Jangchubling Drikung Kagyü Institute in Dehra Dun erzählte,

Nupa Kunchok Tenzing Rinpoche. Jangchubling Drikung Kagyü Institute, Dehra Dun

war Drikung in Tibet innerhalb der Kagyü-Tradition weitgehend autonom, und die jeweiligen Thronhalter waren in der Gegend nordöstlich von Lhasa auch das weltliche Oberhaupt. Es hat immer zwei Thronhalter gegeben, von denen der ältere der Erzieher des jüngeren war. S. H. Drikung Chetsang Rinpoche in Dehra Dun ist der 37., das andere Oberhaupt, der Chutsang Rinpoche, ist der

36. Thronhalter und lebt in Tibet. Die Drikung Kagyü hatten in Tibet an die 500 Klöster, jetzt gibt es noch etwa 60 Klöster in Ladakh und einige wenige in anderen Teilen Indiens.

Das Hauptkloster in Dehra Dun ist zugleich die Universität der Tradition mit 200 Studenten, darunter 10-12 Tulkus.

„Haben die Tulkus in diesem Kloster besondere Privilegien?" fragten wir den Rinpoche, der dort in der Computerabteilung arbeitet.

„Überhaupt nicht, außer etwas erhöhten Sitzen bei religiösen Zeremonien (Pujas) und einem kleinen Thron bei besonderen Ritualen."

„Wie lange dauert in Ihrer Tradition das Studium?"

„Das ist etwas anders aufgebaut als zum Beispiel in Rumtek: Es gibt bei uns einen Grundkurs über acht und einen Aufbaukurs über fünf Jahre. Der Aufbaukurs ist freiwillig. Die Mönche können auch schon nach acht Jahren mit dem tantrischen Studium beginnen, das drei Jahre und drei Monate dauert."

Die 4. Untergruppe ist sehr klein und heißt Taklung Kagyü. Sie hat einige kleine Klöster in Sikkim. Der Thronhalter ist Taklung Matrul Rinpoche und studiert zur Zeit in Dharamsala an der „Buddhist School of Dialectics". Er war sich nicht ganz klar darüber, ob er der 11. oder der 14. in seiner Linie war – wir haben das öfter gehört, daß Tulkus keine genauen Einzelheiten über ihre Vorgänger und über ihre Linie wußten, weil alle schriftlichen Unterlagen auf der Flucht zurückgelassen werden mußten und ältere Mönche, die Auskunft hätten geben können, inzwischen verstorben sind.

Der zwanzigjährige Tulku wurde in der Nähe von Dharamsala im gleichen Jahr geboren, in dem sein Vorgänger verstarb. Als er drei oder vier war, saß er gern auf Decken wie auf einem Thron und sagte immer wieder, daß er der Taklung Matrul sei. Mit elf Jahren wurde er vom Dalai Lama als dessen Reinkarnation bestätigt. Der Dalai Lama sorgt auch für seinen Lebensunterhalt, da der Rinpoche kein eigenes Kloster hat.

Taklung Matrul Rinpoche, Buddhist School of Dialectics, Dharamsala

4. Die Gelug-Tradition

Die Gelugpas sind die größte Gruppierung innerhalb des tibetischen Buddhismus und schon deshalb außerhalb des tibetischen Kulturraumes am bekanntesten, weil sie staatstragend waren. Die Einheit von weltlicher und religiöser Macht hat die Geschichte Tibets der letzten 500 Jahre geprägt. Was es in dieser Zeit in Tibet an Macht- und Rangkämpfen gegeben hat, wird vom „Mythos Tibet" – der unkritisch-begeisterten Sicht von allem, was mit Tibet zusammenhängt – völlig überdeckt. Trotzdem haben sie Auswirkungen bis in die heutige Zeit hinein. Wir werden dafür noch einige Beispiele geben.

Auf das Phänomen „Tulku" sind wir bei den Gelugpas aufmerksam geworden, als wir Mitte der achtziger Jahre den Ngari

Rinpoche, den jüngeren Bruder des Dalai Lama, auf einer Inspektionsreise seiner sieben Klöster in Ladakh begleiteten. Sobald wir irgendwo mit unserem himmelblauen Jeep auftauchten, kamen Leute herbeigerannt, die sich am Straßenrand niederwarfen, und in den kleinen Dörfern in Zanskar standen schon Kapellen zum Empfang des Rinpoche bereit – es war mir immer völlig schleierhaft, woher die Menschen wissen konnten, wer da in dem Jeep saß. Auf allen Altären stand sein Bild, und wohin wir auch kamen, wurden ihm Kinder entgegengehalten, denen er einen Namen geben sollte. Als wir einmal bei der Fahrt über einen Paß von der verschlammten Straße abzustürzen drohten, meinte der Rinpoche nur lakonisch: „Ihr braucht keine Angst zu haben. Wenn wir abstürzen, bekomme ich da unten einen großen Stupa und ihr beide einen kleinen neben meinem." Das war unser Einstieg in das Thema dieses Buches – und seitdem blieben wir den Gelugpas verbunden.

Die Gelug-Tradition, die auch als Neue Kadam-Tradition bezeichnet wird, sieht sich nicht als eine neue Richtung, sondern als Erneuerung der Alten Kadam-Schule, die 300 Jahre nach ihrer Gründung durch Atisha in einem maroden Zustand war. Die Erneuerung kam durch Tsongkhapa (1357–1419), der in Amdo in Osttibet geboren wurde und auch unter dem Namen Losang Dragpa bekannt ist. Er studierte unter 45 Meistern aller damaligen tibetischen Traditionen und suchte nach einem übergeordneten System, in das alle bestehenden Lehren eingeschmolzen werden konnten. Er fand es in der Lamrim-Tradition des indischen Meisters Atisha, zu der er verschiedene Werke verfaßte.

Tsongkhapa hat die Mönchs-Disziplin wiederhergestellt, die ihm besonders am Herzen lag. Unter den verschiedenen philosophischen Systemen stellte er das Prasangika Madhyamaka-System, den „Mittleren Weg", als das letztgültige in den Vordergrund und korrigierte und systematisierte die Meditationspraxis. Die Gelug-Schule legt besonderes Gewicht auf das Studium der Schriften und das intellektuelle Verständnis der Lehre als Vorbedingung effizienter meditativer Erfahrung. Sie ist darin der Sakya-Schule ähnlich.

Auch Tsongkhapa wird wie Padmasambhava als eine Manifestation von Manjushri, dem Bodhisattva der Weisheit, angesehen und soll dereinst als „Buddha Simhanada" wiederkehren. In ihm verbanden sich höchste Gelehrsamkeit, öffentliche Wirksamkeit – er hat 1409 das Kloster Ganden gegründet, seine Schüler gründeten 1416 Drepung und 1419 das Kloster Sera – und eine tiefe Meditationspraxis zu einer bruchlosen Einheit.

Man kann dies übrigens auch bei zeitgenössischen großen Meistern wie Zong Rinpoche, Thugsey Rinpoche und Kalu Rinpoche beobachten, die als Gelehrte, Administratoren und Tantriker in gleicher Weise beispielhaft gewesen sind. Man mag sich wundern, daß ich hier nicht auch ausdrücklich den Dalai Lama nenne. Er steht außerhalb solcher Zuordnungen, er ist, wie es ein Lama ausdrückte, eine Wesenheit, die auf einer ganz anderen Ebene, auf einer universalen Ebene wirkt. Er wird deshalb auch nicht ernsthaft kritisiert: Die Schuld an diesem oder jenem – und wo gäbe es keine Streitigkeiten – haben seine Minister und Beamten zu vertreten.

Die Thronhalter der Gelug-Tradition heißen „Ganden Tripa" und werden gewählt – sie bilden keine eigene Linie wie die Dalai Lamas. Tsongkhapa war der erste Ganden Tripa, und der jetzige ist der hunderste: Er heißt Losang Nijma. Zwei der Meister, die zur Tulkulinie der Trijang Rinpoches gehören, waren ebenfalls Ganden Tripas: Der vorige Trijang Rinpoche hat darauf verzichtet, die Position anzunehmen, weil, wie es heißt, ein Wesen, das dreimal Thronhalter war, nicht mehr auf diese Welt zurückkommt. Da aber alle Reinkarnationen in einer Linie das gleiche geistige Kontinuum haben, hätte es für ihn keine Wiederkehr gegeben, um allen Lebewesen helfen zu können – so erzählte es uns der junge Trijang Rinpoche.

Der 3. Ganden Tripa Sonam Gyatso (1543–1588) – und posthum seine beiden Vorgänger – erhielt vom damaligen mongolischen Herrscher den Titel „Dalai Lama". Die Dalai Lamas bilden seitdem eine selbständige Reinkarnationslinie des Bodhisattvas Avalokiteshvara, der Verkörperung des Mitgefühls aller Buddhas.

Unter dem 5. Dalai Lama (1617-1682) wurde Tibet nach heftigen internen Auseinandersetzungen, an denen auch die Karmapas beteiligt waren, wiederum ein zentral geführter Staat, und die Gelug-Tradition wurde praktisch zur Staatsreligion. Der „Große

Fünfte" erklärte sich selbst 1642 zur Reinkarnation des Bodhisattva Avalokiteshvara und seinen Lehrer Losang Chökyi und posthum dessen drei Vorgänger zum Panchen Lama („Großer Gelehrter"). Die Panchen Lamas werden als Manifestationen des Buddhas Amitabha angesehen und residieren bis heute im Kloster Tashi Lhunpo, das von dem Schüler und Neffen Tsongkhapas, Gendün Drub gegründet worden war. Sie standen später häufig in Gegensatz zu den Dalai Lamas bzw. deren Regenten. Der 11. Panchen Lama, der jetzt zehn Jahre alte Gendün Choekyi Nyima, ist kurz nach seiner Anerkennung durch den Dalai Lama 1995 von den Chinesen an einen unbekannten Ort verschleppt worden, und die Chinesen haben einen anderen Jungen an seiner Stelle eingesetzt.

Nach dem Tod des 5. Dalai Lama lag die politische Macht über 200 Jahre lang in den Händen des Klerus und des Adels: Die Regenten, die das Land bis zur Großjährigkeit eines Dalai Lama regierten, kamen in der Regel aus den drei Gelug-Großklöstern. Die folgenden Dalai Lamas waren machtlos oder starben, wie der 9. bis 12. Dalai Lama in jungen Jahren – sie wurden, so heißt es, ermordet. Die Zeit war erfüllt von blutigen Machtkämpfen innerhalb Tibets und kriegerischen Auseinandersetzung mit Mongolen und Chinesen. Das Feudalwesen Tibets mit der darin verankerten Leibeigenschaft war dringend reformbedürftig, als der 13. Dalai Lama (1876–1933) 1895 die Regierung übernahm. Seine Reformversuche sollen hintertrieben worden sein. Das beklagenswerte Ende kennen wir: 1959 wurde Tibet endgültig von den Chinesen besetzt, und der 14. Dalai Lama ging nach Indien ins Exil. Ihm folgten etwa 100 000 Tibeter.

Klöster der Gelugpas gibt es heute vor allem in Ladakh, Dharamsala, Dehra Dun, Südindien und Nepal. In den 60er Jahren wurden die drei großen Mönchsuniversitäten Sera, Ganden – auch „Gaden" geschrieben – und Drepung in Südindien wieder errichtet, in denen zusammmen etwa 9500 Mönche leben, die sicher nicht alle auch als Studenten zu betrachten sind. Allein in Sera Jhe gibt es 156 Tulkus, wobei auch hier wieder offen bleiben muß, inwieweit es sich dabei um studierende Tulkus handelt. Zong Rinpoche in Ganden hingegen meinte, es gäbe in allen drei Klö-

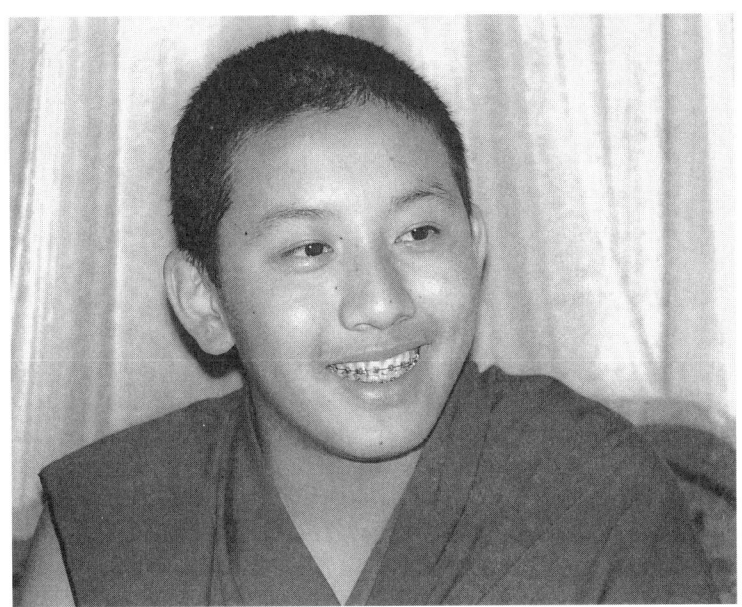

Kyabje Zong Rinpoche, Kloster Ganden Shartse

stern zusammen etwa 50 junge Tulkus, also Studierende, aber Tibeter wissen selten genaue Zahlen und gehen damit äußerst großzügig um. Sie meinen, die Sucht nach Zahlen sei eine Marotte der Westler.

II. Das Tulkusystem des tibetischen Buddhismus

1. Wie entsteht eine Tulkulinie?

Der derzeitige Dalai Lama ist der 14. in seiner Linie. Aber nicht nur hohe Lamas wie der Dalai Lama, der Panchen Lama und die Thronhalter und Oberhäupter der verschiedenen Traditionen stehen in einer spirituellen Erbfolge, sondern auch jeder einzelne Tulku. Diese, seine „Linie", hat ihren eigenen Namen, der nun auch zum Namen des Tulku wird. Dem Liniennamen wird dann entweder das Wort Tulku zugefügt, oder häufiger der Titel, mit dem jeder Tulku angesprochen wird: „Rinpoche", was so viel bedeutet wie „kostbares Juwel".

Im Norden der Provinz Karnataka in Südindien, gar nicht weit weg von Goa, liegt inmitten weiter Felder das Kloster Ganden mit den Zweigklöstern Jangtse und Shartse, und in einem hübschen, ziemlich großen Dorf mit breiten Straßen und vielen kleinen, ein- bis zweistöckigen Häusern befindet sich das Kloster Drepung mit den Zweigklöstern Loseling und Gomang. Hier leben 5000 Mönche: Die eigentliche „tibetische Kolonie" mit etwa 13 500 Einwohnern liegt etwas weiter weg in Mundgod. Man kann die Klöster nur mit einer speziellen Genehmigung der indischen Regierung besuchen.

Hier haben einige der hochrangigen jungen Gelug-Tulkus ihre eigenen Häuser (Labrangs), unter anderen Zong Rinpoche. Sein Vorgänger war ein berühmter tibetischer Meister, der auch Abt von Shartse gewesen war. Wir werden noch von ihm hören. In seinem Labrang lebt nun der junge Rinpoche, der ein halbes Jahr nach dem Tode seines Vorgängers geboren wurde, zusammen mit mehreren Betreuern und jungen Mönchen – und drei Hunden. Obwohl er zum Zeitpunkt unseres Interviews erst knapp 14 Jahre alt war, kommt mir hier, wie bei anderen gleichaltrigen Tulkus, das Wort Junge oder gar Kind nicht in den Sinn. Der Rinpoche war sehr lebhaft und interessiert, stellte sofort seinen eigenen Rekorder vor mich hin und sprach fließend englisch.

„Rinpoche, wie entsteht denn eine Tulkulinie?" fragte ich.

„Der erste in der Linie ist gewöhnlich ein Abt oder ein berühmter Lehrer. Stirbt er, bitten seine Schüler einen hohen Lama oder Seine Heiligkeit den Dalai Lama ,Mo' zu machen" – eine Orakeltechnik – „oder sonstwie herauszufinden, ob der Lama sich reinkarniert hat. Er muß dazu eine gewisse spirituelle Macht haben: Jeder Mensch hat eine Wiedergeburt, aber nicht jeder eine Reinkarnation. Die Schüler suchen dann nach der Reinkarnation aufgrund der vorhandenen Zeichen."

„Und wann hat Ihre Linie begonnen?"

„Ja," meinte er stirnrunzelnd, „die Linie stammt wohl aus den Zeiten von Lord Buddha, aber es gibt da keine genauen Unterlagen mehr."

„Aber da gab es doch noch gar keine Tulkus?"

„Ich glaube, das Tulku-System hat mit der Verbreitung des Dharma in Tibet begonnen. Aber ich habe keine Ahnung, wie das damals gehandhabt wurde, wie man die Reinkarnationen gefunden hat. Auch über meine direkte Linie habe ich keine genauen Informationen," – er fragt seinen Betreuer – „sie hat vielleicht im vorigen Jahrhundert begonnen. Ich bin der 4. in meiner Linie, wir haben in Tibet kein eigenes Kloster gehabt. Meinen Labrang hier habe ich, weil der Vorgänger ihn bekommen hat, als er Abt war."

Wir haben häufiger gesehen, daß die jungen Tulkus sich für ihre Linie nicht besonders interessieren, manchmal wußten sie nicht einmal den Namen des Vorgängers, besonders, wenn dieser viele Jahre vor ihrer Geburt bzw. Auffindung noch in Tibet verstorben war. Auch die Betreuer scheinen auf die Historie der Linie ihrer Schützlinge keinen besonderen Wert zu legen, wie Tibeter denn überhaupt mit Geschichte sehr locker umgehen. Einige Tulkus hatten alte handschriftliche Aufzeichnungen, die sie gelegentlich zu Rate zogen. Aber in den meisten Fällen sind solche Papiere bei der Flucht aus Tibet zurückgelassen worden, und die mündliche und schriftliche Überlieferung der Tradition vieler Tulkulinien ist durch das Exil unterbrochen worden.

Demo Choktrul Rinpoche, Kloster Drepung Loseling

Einer dieser lange nach dem Tod seines Vorgängers geborenen Tulkus ist Demo Choktrul Rinpoche aus dem Kloster Drepung Loseling, der 1981 in Tibet geboren wurde. Der junge Mann hat die Ausstrahlung eines Gelehrten und war sich sowohl seines Status als auch seiner Verantwortung sehr wohl bewußt. Sein Vorgänger starb 1969 in Tibet. Die Klosterabteilung von Drepung, zu welcher der Vorgänger gehört hatte, hat dann später den Dalai Lama gebeten, nach der Wiedergeburt zu suchen. Es gab keine anderen Kandidaten und keine Prüfung – dazu später mehr –, weil es nichts mehr von dem Vorgänger gab, was man einem Kandidaten hätte vorlegen können. Im Alter von fünf Jahren wurde er vom Dalai Lama bestätigt und kam 1989 endgültig nach Indien, 20 Jahre nach dem Tod des vorigen Demo Rinpoche, eines großen Yogis. Sein Labrang wird vom Privatsekretariat des Dalai Lama finanziert.

Der Rinpoche wußte nicht genau, ob er der Fünfte in der Linie war oder nicht, weil der Vorgänger schon so lange tot war. Es gab keine alten Mönche mehr, die ihm etwas hätten erzählen können. Aber später schickte er mir eine altes Dokument, in dem allein bis zur Zeit des 8. Dalai Lama sieben Demo Rinpoches aufgeführt sind. Zwei seiner Vorgänger waren nach dem Tode des 7. (1708–1757) bzw. 8. Dalai Lama (1758–1804) vom chinesischen Kaiser zu „Königen Tibets" (Regenten), wie es in dem Dokument heißt, ernannt worden. Auch sein Vor-Vorgänger war Regent Tibets gewesen – wir kommen auf ihn noch in anderem Zusammenhang zu sprechen.

Oft gibt es zwei Zählweisen für eine Tulkulinie, eine, die weit in die Vergangenheit zurückgeht, nicht selten bis in die Zeiten des Buddha, und eine andere, die alle die Vorgänger umfaßt, die den eigentlichen Liniennamen tragen. So gibt es beispielsweise auch für den 14. Dalai Lama eine andere Linie, in der er die 74. Manifestation ist. Sie reicht bis zu einem brahmanischen Kind zurück, das in der Zeit Buddhas lebte. In diese eher legendären Linien werden auch Meister aufgenommen, die in der Zeit der ersten Verbreitung des Buddhismus in Tibet gelebt haben oder im 11. Jahrhundert, der Zeit der endgültigen Festigung der Lehre.

Trijang Rinpoche, Jahrgang 1982, lebt momentan in der Schweiz im Kloster Rabten Choeling oberhalb des Genfer Sees. Er ist die Reinkarnation des berühmten jüngeren Tutors Seiner Heiligkeit und ein kräftiger, junger Mann, zurückhaltend und höflich. Wir trafen ihn in dem kleinen Kloster Tashi Rabten in Feldkirch, einem großen Bauernhof, wo er gelegentlich „ausspannt". Der Rinpoche erzählt die Geschichte seiner Linie so: „Es gibt zwei Arten, wie meine Linie beschrieben wird. Die eine geht zurück auf die Vorgänger, die den Namen Trijang trugen, und die andere ist mehr der Hintergrund über viele Generationen hinweg. Alle früheren

Inkarnationen gehen auf den Kutscher des Buddha zurück, der ihn ausgefahren und auch die Fragen beantwortet hat ... "

„Entschuldigen Sie, Rinpoche, aber war das ein richtiger Kutscher?"

„Ja, ja, das war der richtige Kutscher, als der Buddha noch ein Prinz war. Wenn sie zusammen ausgefahren sind, hat Prinz Siddhartha dann gefragt: ,Wer sind diese Leute, diese Alten, diese Bettler?' Und der Kutscher hat ihm dann diese Fragen beantwortet. In dieser Linie werden große indische Meister erwähnt, auch Atisha, Chandrakirti und andere."

Es ist immer sehr interessant, wenn man außer dem Tulku selbst auch seinen Mentor befragen kann. Manchmal ergeben sich daraus zwei völlig verschiedene Geschichten. So war es auch bei Thomthok Tulku (Jahrgang 1977), dessen Labrang in Sera Jhe von einem älteren Thomthok Tulku – er schreibt sich jetzt „Tham-

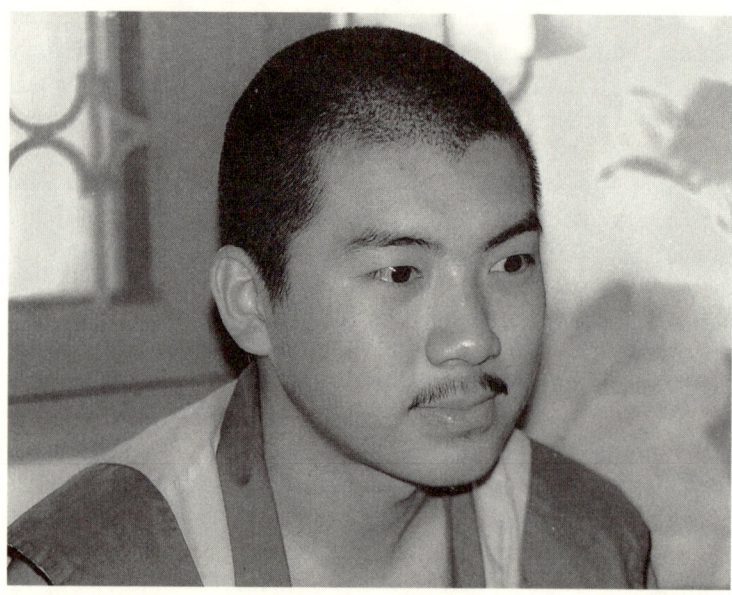

Thomthok Tulku, Kloster Sera Jhe

thog" und leitet das Zentrum Rabten Gepheling in Mailand –
unterhalten wird. Der jüngere Tulku wirkte sehr ruhig, zurückhaltend, eher schüchtern – wie die meisten jungen Rinpoches.
Sein Mentor sagt von ihm, er sei sehr intelligent und der beste in
seiner Klasse.

Auf unsere Bitte, etwas über seine Linie zu sagen, meinte er:
„Ich bin der 13. in meiner Linie. Der Gründer war Lhalung Penlung, der Mörder des Königs Langdarma, der den Buddhismus
in Tibet ausgerottet hat. Der Erste hat ihn mit einem Pfeil getötet.

Als Junge soll ich besonders gern mit Pfeil und Bogen gespielt
haben, und auch der Vorgänger schoß gern damit."

*„Ach ja, das war eine böse Tat, ein Mord, aber zum Heil der an-
deren und insofern gerechtfertigt?"*
„Ja, genau so."

„Meines Wissens war das so um 800?"
„Ja, damals fing die Linie an. Es hat seitdem fünf Linien gegeben. Wir hatten außer in unserem eigenen Kloster in Osttibet
auch einen Labrang unserer Linie im Kloster Lithang in der gleichen Region. Mein Vorgänger war dort der Abt. Es gab noch einen
anderen Thomthok Tulku in diesem Kloster."

„Von einer anderen Linie?"
„Ja, einer war immer der Ältere und hat sich um den Jüngeren
gekümmert. Das hat es ziemlich oft gegeben."

*„Ich habe gehört, daß es in Lithang auch ein Zeltkloster gab – ich
glaube, es hieß Ragbye Ling Gompa –, das mit den Nomaden her-
umzog: Ist das wahr?"*
„Ja, das stimmt. Sie hatten 1500 Mönche in Ragbye Ling."

*„Und dann haben die Chinesen das Zelt mit Granaten beschos-
sen, alle Mönche waren drin, aber niemand wurde verletzt – ist
das auch wahr?"*
„Es kann wahr sein, aber vielleicht wurde doch jemand verletzt, ich weiß das nicht genau."

Thamthog Tulku,
Mentor und Chandsö
von Thomthok
Tulku, Mailand

Thamthog Tulku hat mir dann in Mailand die gleiche Geschichte etwas anders erzählt:

„Rinpoche, Sie sind der ältere in der Linie der Thomthok Tulkus. Können Sie sagen, wie sich die beiden Linien zueinander verhalten?"

„Es ist die gleiche Linie. Wir sind beide der jeweils 13. in der Linie. Als der Jüngere im Kloster Sera lebte, war ich der Abt des tantrischen Klosters Gyüme in Lhasa. Ich war sein Lehrer und bin der Erste in der Linie gewesen. Das war vielleicht im 17. Jahrhundert. So genau weiß ich das nicht."

„Wenn Sie ‚ich' sagen, dann meinen Sie ‚damals, als'?"

„Ja, sicher. Zu der Zeit war ich Geshe und Abt. Der Junior war schon inkarniert."

„Also müßte der jetzige Junior der 14. sein?"

„Tja, ich weiß nicht so recht. Er hatte damals jedenfalls schon ein großes Kloster in Lithang in Kham. Also ich war damals Abt des tantrischen Klosters, und der Jüngere hat mich dann in sein Kloster eingeladen und mich gefragt, ob ich nicht Abt seines Klosters werden wolle. Dann bin ich gestorben, und der Jüngere hat meine Reinkarnation gesucht. Und so ist es durch die Jahrhunderte weitergegangen. Wir hatten den gleichen Liniennamen. Man nennt das Rumtha Tulkus."

„Sind Sie dann beide sozusagen Teil des gleichen Bewußtseinskontinuums?"

„Nein, das glaube ich nicht. Das ist völlig getrennt. Aber wir haben viel gutes Karma gemeinsam."

„Stimmt es, daß der Erste in der Linie der Mörder von Langdarma war? Vorhin haben Sie gesagt, daß Sie der Erste in der Linie waren."

„Also irgendwie ist das alles sehr verwirrend. Es ist ja auch alles sehr lange her. Und die Geschichte mit Lhalung Penlung Dorje, ich weiß nicht, ob das nicht vielleicht doch nur eine Legende ist. Er starb in Amdo, und die erste Reinkarnation unserer Linie wurde auch dort geboren."

„Da gibt es eine andere Geschichte, daß das Nomadenkloster in Lithang beschosssen wurde, und niemand wurde verletzt – war das so?"

„Ja, wirklich. Es gibt noch viele Mönche, die dabei waren und das bezeugen können."

An diesem Interview sind zwei Dinge interessant. Einmal der freizügige Umgang mit biografischen und geschichtlichen Fakten. Es scheint manchmal, als sei es viel interessanter, eine Geschichte zu erzählen als Fakten exakt wiederzugeben. Der Redakteur einer regierungsamtlichen Zeitschrift in Dharamsala sagte mir einmal auf eine entsprechende Frage hin, daß sie, die Tibeter, das Bücherschreiben den Westlern überlassen, weil diese viel penibler seien und sich immer für Zahlen und Geschichte interessierten. Den Tibetern dagegen gehe es um Gleichnisse, um die Essenz einer Geschichte. Alles andere, die genauen Daten seien nicht so wichtig.

Thamthog Tulku hat immer in der Ichform gesprochen, auch wenn er von einer Person seines Namens sprach, die im 17. Jahrhundert lebte. Mich hat diese Selbstverständlichkeit, mit der Tulkus sich selbst als die gleiche Person, als das gleiche, sich kontinuierlich wiederverkörpernde Bewußtsein sehen, anfangs sehr verwirrt, weil ich nicht wußte, von wem nun eigentlich die Rede war: Ein Bewußtseinskontinuum hat nichts zu tun mit einem kontinuierlichen „Ich" oder einer „ewigen Seele", sondern ist eher als eine individuelle geistige Energie, als eine formende Kraft zu verstehen, die das Erbgut der jeweiligen Eltern als Rohmaterial benutzt, um sich zu reinkarnieren – wir werden noch davon hören.

Es gibt noch eine interessante Variante, wie eine Linie beginnen kann: Das ist die Übertragung einer Linie vom Vater auf den leiblichen Sohn. Das ist natürlich nur dann möglich, wenn der Vater seine Robe ausgezogen und geheiratet hat. Ein Tulku bleibt ein Tulku und kann ein verwirklichter Meister sein, mit oder oh-

Kyabje Dorje Chang Tulku, Kloster Ganden Jangtse

ne Robe. Für Außenstehende – und sicher auch für den Leser – ist diese Konstellation etwas verwirrend. In Ganden fragten wir dazu Kyabje Dorje Chang Tulku, der auch Serkong Choktrul Rinpoche genannt wird. Der junge Rinpoche ist ein sehr liebenswürdiger junger Mann. Er lebt in seinem Labrang, einem kleinen zweistöckigen Haus, direkt neben dem Haus eines anderen Serkong Choktrul Rinpoche, von dem wir noch hören werden. Er war im Februar 1999 nach unserer Rechnung 19 Jahre alt – die Tibeter zählen die Schwangerschaftsmonate mit: danach war er 20. Er ist ein „Tsogchen Tulku" – ich erkläre das später – und in seiner Linie die 27. Reinkarnation.

„Die 25. Reinkarnation war ein berühmter Tantriker", sagte er, „der 13. Dalai Lama hat ihm den Liniennamen Serkong Dorje Chang gegeben. Wir hatten zwei Klöster in Tibet, zusammen mit der Linie von Tsenshap Serkong Rinpoche, und eines in Kathmandu in Nepal."

„Wieso haben Sie ein Kloster zusammen mit Tsenshap Serkong Rinpoche?"
„Ich war der Vater, und er war mein Sohn."

„Das verstehe ich nicht. Wieso kann der Rinpoche Ihr Sohn sein? Er ist so alt wie Sie?"
„Na ja, es war nicht mein eigener Sohn, sondern es war der Sohn von Serkong Dorje Chang. Er wurde zunächst ‚Thugse Rinpoche' genannt. Thugse heißt soviel wie Herzenssohn und ist der leibliche Sohn eines verwirklichten Lamas. Und später, als er Tsenshap Seiner Heiligkeit geworden war, hieß er ‚Tsenshap Serkong Rinpoche'. Seine Reinkarnation und ich werden beide auch ‚Serkong Choktrul Rinpoche' genannt, weil wir beide von Serkong Dorje Chang abstammen."

„Was bedeutet Tsenshap?"
„Tsenshap werden die Debattierpartner eines Dalai Lama genannt."

„Was bedeutet Choktrul?"

„Choktrul bedeutet Reinkarnation von jemandem. Man kann eigentlich jeden Rinpoche so nennen. Der Titel wird aber meist nur für junge Tulkus benutzt, die Reinkarnationen hoher Lamas sind, und Kyabje ist ebenfalls ein Ehrentitel für hohe Lamas."

„Und wer war Ihr direkter Vorgänger?"

„Das war Serkong Dorje Chang Thubten Tsewang. Er lebte nach seiner Flucht aus Tibet in seinem Kloster in Nepal und war sehr berühmt. Man erzählt sehr viel Wunderbares von ihm, denn er konnte böse Geister und Dämonen zähmen."

Dazu erzählte uns unser Dolmetscher eine bezeichnende Geschichte:

„Der Vorgänger des Rinpoche, also der 26. Tulku in dessen Linie, lebte in Kathmandu. Ich besuchte ihn dort eines Tages mit meiner Mutter, wir baten um eine Audienz. Vor uns war ein Khampa, ein Mann aus Kham, der sagte, er habe Durchfall, den er nicht stoppen könne, er sei schon zu vielen Ärzten gegangen. Der Rinpoche sagte: ‚O.k., ich werde versuchen, dir zu helfen'. Er nahm eine sehr saubere Flasche mit Wasser, sprach ein Mantra und spuckte in das Wasser. Dann gab er die Flasche dem Khampa. Das solle er trinken, es werde jede Art Krankheit heilen. Der Khampa sagte: ‚Oh, das ist aber eklig.' Der Rinpoche sagte darauf plötzlich: ‚Oh, du Khampa, ich denke, das wird dir nicht helfen, wenn du denkst, daß das Wasser so dreckig ist, daß dir davon übel wird.' Der Khampa erwiderte: ‚Rinpoche, es tut mir sehr leid.' Darauf der Rinpoche: ‚O.k. es wird dir helfen, aber es wird lange dauern, weil du so zweifelst.'

Der Rinpoche verschwand oft ganz plötzlich aus seiner Residenz. Eines Tages besuchte ich ihn wieder mit meiner Mama, und der Betreuer sagte: ‚Er ist drinnen, bitte kommt herein.' Aber er war nicht da. Alle suchten ihn in ganz Kathmandu. Sie fanden ihn schließlich, als er gerade aus dem Zentralgefängnis kam. Die Wachen sahen ihn an und sagten: ‚He, wie kommt dieser Mönch da ins Gefängnis, wir haben ihn nicht hineingehen sehen.' Niemand hatte ihn hineingehen sehen.

Eines Tages war er verschwunden. Und seine Betreuer suchten ihn wieder ganz verzweifelt. Wo sollen wir ihn noch suchen? Sie kamen völlig erschöpft zurück. Und wer saß da ruhig in seinem Zimmer? Der Rinpoche. Er konnte alles machen, was er wollte. Er war ein Yogi. Ein anderes Mal war er wieder weg. Seine Schüler suchten ihn und hörten dann von den Leuten, daß der Rinpoche in der Stadt herumlief und alles, was er bei sich hatte, auf der Straße an die Armen verschenkt hatte. Er lief total nackt herum."

2. Das Tulkusystem im alten Tibet

Im indischen Buddhismus hat es keine Tulkus gegeben, jedenfalls ist darüber nichts bekannt, obschon es im Hinduismus durchaus Reinkarnationslinien großer Meister gibt. Aber sie sind nicht in ein festes System eingebunden.

In Tibet taucht das Tulkusystem erst im 11. Jahrhundert auf. Es gab vorher bei den Nyingmapas eine Andeutung davon insofern, als die „Schatzsucher" (Tertön) gewisse Linien hatten, die aber lediglich in unregelmäßigen Zeitabständen reinkarnierten: Padmasambhava hatte im 8. Jahrhundert vorhergesagt, daß seine engsten Schüler wiedergeboren werden würden mit der Kraft, sich an ihre vergangenen Leben zu erinnern, und mit dem visionären Wissen, wo er, Padmasambhava, „Schatztexte" versteckt hatte. Mit dem Verstecken wichtiger Schriften hatte er zweifellos recht, denn auf seinen Tod folgten 200 Jahre religiöser Finsternis in Tibet, von denen weiter oben die Rede war. Der erste Tertön, von dem die Geschichte berichtet, war Sangye Lama, der 1080 im Alter von etwa 80 Jahren gestorben ist.

1288 erkannte der große Yogi Orgyenpa (1230–1309), der letzte tibetische Meister, der in Indien studiert hat, in einem Kind die Reinkarnation seines Meisters Karma Pakshi (1206–1283). Es wurde dann als der 3. Karmapa anerkannt und war der erste offizielle Tulku in der tibetischen Geschichte. Karma Pakshi selbst hat sich im Alter von 15 Jahren erinnert, daß er die Reinkarnation des 1. Karmapa war.

Von da an besteht bei den Karmapas die Tradition, daß die meisten von ihnen – nicht alle – einen Brief hinterlassen, in dem Name und Geburtsort ihrer Reinkarnation und der Name von deren Eltern angegeben werden. Ein entsprechender Brief des 1981 verstorbenen 16. Karmapa wurde von Tai Situ Rinpoche 1992 gefunden. Seine Echtheit wird aber von dem Shamarpa bezweifelt, der dann aufgrund von Angaben einer bisher nicht näher identifizierten Person „seinen" Karmapa fand.

Die förmliche Inthronisation eines Tulkus ist seit 1450 bekannt: Damals wurde der 2. Tai Situ vom 6. Karmapa inthronisiert. Seither ist dieses Ritual fester Bestandteil des Tulku-Systems. Sicher haben viele Leser den Film „Living Buddha" von Clemens Kuby gesehen, in dem die Auffindung des 17. Karmapa aufgrund besagten Briefes – bestätigt durch eine Vision des Dalai Lama – und seine Inthronisation dokumentarisch festgehalten worden sind.

Viele der großen Klöster mit Tausenden von Mönchen vor allem im Osten Tibets sind in politisch sehr unruhigen Zeiten entstanden und waren oft Gründungen reicher, einflußreicher Familien, wie das auch bei uns bis ins Mittelalter der Fall war. Ein Mitglied des Clans wurde das spirituelle Oberhaupt des Klosters, sein Bruder oder ein anderer Verwandter übernahm die Administration. Dessen Sohn wurde dann wiederum der Nachfolger des spirituellen Oberhauptes.

In politisch unsicheren Zeiten konnte sich die Abhängigkeit eines Klosters von einer feudalen Familie fatal auswirken. Ging ein Clan unter, wurde auch das Kloster mit in den Abgrund gerissen. Nachdem sich das Tulku-System entwickelt hatte, änderte sich das, denn jetzt trat an die Spitze jedes Klosters ein Tulku („inkarnierter Lama" oder „Gönda"), dessen Reinkarnation dann jeweils auch sein Nachfolger als Oberhaupt des Klosters wurde. Die Verwaltungsgeschäfte wurden vom Abt geführt. Neben dem inkarnierten Lama gab es in großen Klöstern noch Dutzende, ja Hunderte von Tulkus, die nur von diesem oder einem nahe gelegenen kleineren Kloster anerkannt waren.

Zu sehr großen Klöstern gehörten Tausende von Quadratkilometern Land mit weit verstreuten kleinen Dörfern, großen Herden mit Zehntausenden Stück Vieh und ebensovielen Leibeigenen. Der inkarnierte Lama, dem auch mehrere Klöster – wie heute noch in Ladakh, Nepal und Bhutan – gehören konnten, war der absolute Herr über Land, Vieh und Menschen. Sein gesamter Besitz wurde in einem eigenen „Haushalt" (Labrang) zusammengefaßt und professionell von einem eigenen Verwalter (Chandsö) überwacht, der auch die Suche nach der Reinkarnation einleitete, wenn der Lama verstorben war. Er wird vor allem in politisch turbulenten Zeiten daran interessiert gewesen sein, daß die Reinkarnation aus einer einflußreichen Familie kam. Im Osten Tibets soll es blutige Kämpfe gegeben haben, wenn der Platz des Thronhalters eines der dortigen riesigen Klöster freigeworden war.

Ließ andererseits der neue Thronhalter in kleineren Klöstern auf sich warten, dann konnte das üble Folgen für die Mönche haben, weil dann die Spenden der Gläubigen nicht mehr so reichlich flossen. Dann konnte es sein, daß einer Familie ein neuer Tulku schon einmal abgekauft wurde: Bärlocher zitierte vor 20 Jahren hierzu einen Tulku, der ihm als Preis zum Beispiel 360 kg Tee nannte. Zumindest die Eltern eines Tulkus hatten in der Regel ausgesorgt, denn das Kloster kümmerte sich fortan um ihren Lebensunterhalt.

Die Tulkus hatten schon wegen der wirtschaftlichen Bedeutung ihrer Klöster auch großen politischen Einfluß in ihrer Region. Nach einer Auskunft aus dem Jahre 1917 (zitiert n. Bärlocher 1982) waren 42% des Grundeigentums damals im Besitz der Klöster, 37% gehörten der Regierung und 21% dem Adel. Daran hat sich wahrscheinlich bis 1959 nichts Wesentliches geändert. Sollte Tibet wieder frei werden, kommt eine Wiederherstellung dieser Besitzverhältnisse natürlich in keinster Weise in Frage.

Man darf nicht vergessen, daß die Klöster neben ihrer religiösen und wirtschaftspolitischen Bedeutung eine wichtige Funktion als Schulen für die männliche Jugend hatten. Die Nonnenklöster kamen wahrscheinlich hierfür nicht in Betracht. Sie sind heute absolut unterpriviligiert im Vergleich zu den Mönchsklöstern, aber ob dies immer so war, ist nicht bekannt. Es gab damals keine Schulen, und wo anders sollten die Kinder lesen und schreiben lernen, wenn nicht im Kloster? Sie konnten zwar die

Mönchsrobe jederzeit wieder auszuziehen, aber die meisten von ihnen sind wohl im Kloster geblieben, denn hier war ihre wirtschaftliche Zukunft gesichert.

In Tibet gab es viele Tulkus. Niemand weiß genau, wie viele, genauso wie niemand weiß, wie viele Klöster es eigentlich gegeben hat. Es ist oft von 6000 zerstörten Klöstern die Rede. Unterstellt man einmal, daß die meisten von ihnen einen inkarnierten Lama als spirituelles Oberhaupt hatten, also einen Tulku, dann müßte es wenigstens an die 6000 Tulkus gegeben haben. Eine enorme Zahl, auch wenn man von „nur" 3000 Klöstern ausgeht, einer Zahl, die mir einmal ein sehr hoher Lama genannt hat. Dazu kommen die Tulkus, die kein eigenes Kloster hatten. So lebten in Kumbum, dem berühmten Kloster im Nordosten Tibets, in den 40er Jahren allein 200 Tulkus!

Es gibt ein Amt der tibetischen Exilregierung in Dharamsala, das für die Tulkus zuständig ist, aber nur für die „Tsogchen Tulkus" der drei Gelug-Universitäten. Das sind Tulkus, die von allen Abteilungen (Datsang) des jeweiligen Klosters anerkannt werden. Ihr Titel muß bei der Regierung beantragt werden und erlischt mit dem Tod des Trägers. Eine besondere Gruppe waren die „Hothogthu Tulkus", die Inkarnationslinien früherer Regenten. Den Titel haben die Chinesen aber auch an Tulkus verliehen, wenn sie nicht spirituelle Abkömmlinge von Regenten waren – so jedenfalls hat es uns jetzt der Sekretär des zuständigen Ministeriums in Dharamsala gesagt. Die anderen Tulkus – und das war die Mehrheit – wurden nur von ihrem jeweiligen Kloster oder einem der Teilklöster der Gelug-Universitäten anerkannt – man nennt sie „Datsang Tulkus".

In Dharamsala hat man keine Unterlagen über die Zahl der Tulkus im Exil und weiß nur, daß sie in den letzten Jahren ziemlich zugenommen hat. Aber die Tulkus werden nicht amtlich verwaltet: Ringu Tulku, ein bekannter buddhistischer Lehrer der Kagyü-Tradition, hat uns dazu gesagt, daß genau dieses Nicht-so-genau-Wissen das Klosterwesen der Tibeter von einer wirklichen Kirche unterscheide. Und damit hat er zweifellos recht.

Die verschiedenen Traditionen hatten in Tibet alle ihre eigenen Ausbildungsstätten. Die meisten Tulkus der Nyingmapas,

Kagyüpas und Sakyapas konnten nach Auskunft von Goshir Gyaltsab Rinpoche in ihren eigenen Klöstern studieren, sie hatten dafür Privatlehrer, die sie erzogen und ausgebildet haben. Manchmal sind sie auch in andere, größere Klöster geschickt worden, um bestimmte Studien zu betreiben oder eine tantrische Ausbildung zu erhalten.

Die Ausbildung der Tulkus der Gelugpas fand fast ausschließlich in den Großklöstern von Sera, Drepung oder Ganden statt, die alle nicht weit von Lhasa liegen – es gab nur ganz wenige Gelug-Klöster, in denen man eine in etwa gleichwertige Ausbildung bekommen konnte. Der Eintritt in die Universität war mit erheblichem Aufwand verbunden: Auf der oft wochen- und monatelangen Reise nach Lhasa – die Reise von Kumbum im Nordosten dauerte vier Monate – wurden ranghohe junge Tulkus von Hunderten von Leuten mit entsprechend vielen Reit- und noch mehr Packtieren begleitet. Sie mußten viel Geld mitnehmen – nach heutigem Wert waren das mehrere 100 000 DM in chinesischen Silbermünzen – denn das Leben in der Universität war für diese Tulkus enorm teuer, weil sie bei ihrem Eintritt in das jeweilige Kloster, bei gewissen Zeremonien und bei ihrer Abschlußprüfung große Summen spenden mußten, die an alle Mönche verteilt wurden. Die Hälfte der Spende wurde unter den Tsogchen Tulkus aufgeteilt, die Datsang Tulkus bekamen zwei Drittel des verbleibenden Geldes und die einfachen Mönche ein Drittel. Die Datsang Tulkus waren und sind bei den Gelugpas die „armen" Tulkus, die weniger Privilegien als die Tsogchen Tulkus haben.

Dieses System der Verteilung von Spenden wird heutzutage offenbar in den einzelnen Klöstern unterschiedlich gehandhabt, aber an der Tatsache, daß vor allem bei Zeremonien und Prüfungen erhebliche Summen nicht nur von den Tulkus aufgebracht werden müssen, hat sich nichts geändert. Das führt dann zu der für Außenstehende schwer verständlichen Situation, daß dringend notwendige Neuerungen in den Klöstern wie Wasserleitungen oder Ambulanzen voll von ausländischen Spendern finanziert werden müssen, während junge Geshes bzw. ihre Familien anläßlich ihrer Prüfung überlebensgroße, feuervergoldete Statuen spenden mögen. So verlange es nun einmal die Tradition, sagt man.

Natürlich hatten nur verhältnismäßig wenige Tulkus einen wirklich herausragenden Status. Die meisten lebten wohl eher bescheiden. Rangdol Yeshi Rinpoches Linie ist dafür ein Beispiel. Der Rinpoche aus dem Kloster der Drikung Kaygü-Schule in Dehra Dun ist für seine 15 Jahre auffallend klein und schmal, ein "armer" Tulku, aber lebhaft und sehr aufgeweckt. Er wurde 1985 in Tibet geboren, kam erst 1991 zusammen mit seinem Vater illegal nach Indien und trat als normaler Novize in das Drikung-Kloster ein. Ein Jahr später wurde er vom Thronhalter, dem Chetsang Rinpoche, als dritte Inkarnation seiner Linie „gefunden":

„Mein Vorgänger war Dong Ngorgen Tulku aus der Stadt Nakchu in Kham", erzählte der Rinpoche, „er kam aus einer sehr armen Familie und lebte als gewöhnlicher Mönch in seinem Kloster. Alle neckten ihn, weil er so arm und schmutzig war und ihm immer die Nase lief. Sie nannten ihn Tulku Nase. Aber ein Lama sagte ihnen, sie sollten ihn nicht unterschätzen. Dieser Mönch werde ein guter Tulku werden und der Drikung-Schule sehr nützlich sein.

Als er älter wurde, ging er in die Berge und suchte nach Milch und Speichel von Schneelöwen. Daraus bereitete er eine sehr wirkungsvolle Medizin, die auch Edelsteine enthielt, zum Beispiel Korallen. Viele Leute kamen zu ihm und brachten sie ihm als Opfergabe mit. Er lebte als Amchi [traditioneller Arzt] in einem Dorf, nicht in einem Kloster. Er war sehr berühmt in Kham und starb 1985 in seinen Sechzigern."

Die vergangene Pracht ist jedenfalls dahin. Heute beziehen die jungen Tulkus ihr Ansehen nicht aus ihrer wirtschaftlichen Situation, sondern aus dem Status ihres Vorgängers und seiner spirituellen Verwirklichung. Fast alle haben einen einfachen sozialen Hintergrund. Sie sind die Kinder von kleinen Händlern oder Teppichwebern, selten kommen sie aus wohlhabenden Familien. Die großen Klassenunterschiede, die es im feudalen System Tibets einmal gab, sind im Exil ohnehin – fast – verschwunden.

Die jungen Rinpoches wirken sehr bescheiden, sie sind höflich, liebenswürdig und unterscheiden sich von den oft ausgesprochen bäurisch wirkenden einfachen Mönchen auch durch auffällig klare und ebenmäßige Gesichtszüge. Sie sind intelligent und in einer sehr angenehmen Weise durchaus selbstbewußt. Man möchte fast sagen, sie wirken wie kleine Prinzen. Das gilt vor allem für die ranghohen Tulkus aller Traditionen, die natürlich auch in einer ganz besonderen Weise umsorgt und umhegt werden.

3. Religionsphilosophische Grundlagen der Reinkarnationslehre

Die Philosophie des Mahayana-Buddhismus in seiner tibetischen Spielart ist kompliziert, und ihr Verständnis wird nicht gerade erleichtert durch die Tendenz zu einer schier unbegrenzten Systematisierung. Dazu kommen die sich häufig widersprechenden Ansichten der einzelnen philosophischen Schulen und die unterschiedlichen Definitionen wichtiger Begriffe in den vier Traditionen. Trotzdem möchte ich den Versuch machen, so kurz wie möglich einige wenige Begriffe, die in Zusammenhang mit dem Tulkusystem wichtig sind, zu erklären, und verweise den Leser im übrigen auf das Literaturverzeichnis.

Nach buddhistischer Auffassung sind wir alle gefangen im Kreislauf der Wiedergeburten: Wir leben im Samsara. Wenn wir sterben, dann gehen unsere Lebensenergie (Srog Lung) und der subtilste Teil unseres Bewußtseins, die beide untrennbar miteinander verbunden sind, in das geisthafte „Bardowesen" über, das sich nach spätestens 49 Tagen wieder verkörpert. Was uns in immer neue Wiedergeburten hineintreibt, das ist unser Karma. Einfach gesagt: die guten oder schlechten Taten in diesem oder vorhergehenden Leben. Sie entscheiden, in welcher Form wir wiedergeboren werden und wo: im „Bereich der Begierde" als Menschen, Tiere, hungrige Geister oder Höllenwesen oder aber auch als Götter oder Halbgötter, die alle noch von ihren Begierden, von Haß und Unwissenheit – den drei Giften des Geistes – umgetrieben werden. Oder man wird als göttliches Wesen im „Bereich der Form" oder der „Formlosigkeit" wiedergeboren, doch davon später.

Der Buddha lehrte mit dem Gesetz vom Karma, daß jeder für sein eigenes Tun verantwortlich ist und daß er hier und jetzt seine eigene Zukunft gestalten, sittlich und geistig reifen kann, um zu einer immer größeren Vollkommenheit zu kommen. Damit ist Karma vordergründig gleichbedeutend mit ethischem Handeln. Es ist die Energie der Gewohnheit, wie Lama Govinda sagt, und nichts Vorherbestimmtes. Auf der anderen Seite wird aber gesagt, daß die Ursachen für ein schlechtes Karma, das uns in diesem Leben nur Schwierigkeiten bringt, in Existenzen zu suchen sein mögen, die wir auf anderen Sternen und in anderen Galaxien verbracht haben und an die wir uns nicht erinnern können. Hier kommt dann für den unbefangenen Betrachter doch wieder so etwas wie Vorherbestimmung ins Spiel.

Die Begierden und Leidenschaften, denen wir so verhaftet sind, daß wir Myriaden von Wiedergeburten erleiden müssen, erklärte uns Khenpo Konchok Oser im Kloster Mindrolling, wo er Philosophie lehrt, haben ihre Wurzel in einer falschen Auffassung vom Ich oder dem Selbst, das heißt, wir leben in dem Wahn, daß unser Ich unabhängig und ewig ist. Diese Verblendung oder Verdunkelung des Geistes entsteht nicht bei der Geburt, sondern ist die Fortsetzung der grundlegenden Täuschung aus der anfangslosen Kette vergangener Leben. Wie diese ist auch die „Unwissenheit" anfangslos und karmisch bedingt. Das alles sei wirklich sehr schwer zu erklären, meinte er lakonisch. Wenn diese Unwissenheit angeboren ist, wie können wir dann, so möchte man fragen, Verantwortung für unser Schicksal übernehmen?

Solange wir in Unwissenheit leben, sind wir Gefangene, ist unser Geist unfrei und eingekerkert in einem Körper, der von Leidenschaften ziellos umgetrieben wird. Wir können allerdings die Tore unseres Gefängnisses einen Spaltbreit öffnen, wenn wir der Lehre des Buddha folgen und uns damit auf den langen und mühseligen Pfad begeben, der zur Erleuchtung führt. Nehmen wir den Sutrapfad, den Weg des intellektuellen Verstehens, dann, so wird gesagt, brauchen wir Äonen von Weltzeitaltern – eine eher deprimierende Vorstellung. Wählen wir dagegen den tantrischen Pfad, können wir noch in diesem Leben zur Erleuchtung kommen – praktisch können wir das aber nur, wenn wir der Welt entsagen.

Die falsche Auffassung von einem unabhängig existierenden Ich müssen wir überwinden. Wenn wir verstehen, daß alles in Abhängigkeit voneinander existiert, daß alles, was wir als Wirklichkeit ansehen, so wie wir es eben wahrnehmen, nur kraft seiner Benennung existiert, dann haben wir die Tore unseres Gefängnisses weit aufgestoßen und die Trübungen unseres Geistes (Kleshas) beseitigt. Wir haben die „Leerheit" (Sunyata) erkannt und wissen nun, daß alles, was ist, aufgrund von Ursachen existiert und in gegenseitiger Abhängigkeit – leer von eigener Existenz. Wir haben „Nirvana" erreicht – eine andere Bewußtseinsebene.

Eine individuelle Person ist nun, so Khenpo Konchok Oser, ein „Arhat", ein Mensch, für den die Kette endlosen Leidens unterbrochen ist. Aber es bleiben immer noch Behinderungen auf dem Weg zur Allwissenheit – erst wenn auch diese überwunden worden sind, ist man ein Buddha. Dann hat eine Person das „Paranirvana", die volle Erleuchtung, erreicht.

Das schreibt sich so einfach hin und ist doch unendlich schwer zu verstehen. Wenn die Leerheit die letztendliche Wirklichkeit

Kyabje Bokar Tulku Rinpoche. Mentor von Kalu Rinpoche. Kloster Bokar Ngedhon Chokhor Ling in Mirik

und Wahrheit ist, dann ist es in der Tat tröstlich zu wissen, daß es Menschen unter uns gibt, die auf diesem Weg der Erkenntnis weit fortgeschritten sind. Einer von ihnen ist Bokar Rinpoche, der in seinem kleinen Kloster – Bokar Ngedhon Chokhor Ling – in Mirik inmitten der Teeplantagen im Distrikt Darjeeling lebt. Er war der engste Schüler des vorigen Kalu Rinpoche und erzieht jetzt dessen inzwischen neun Jahre alte Reinkarnation.

Kyabje Bokar Tulku Rinpoche, so sein voller Titel, empfing uns in seiner relativ kleinen Studierstube. Er verkörpert die Schlichtheit, die man oft bei hochentwickelten Menschen wie auch dem Dalai Lama findet, Warmherzigkeit, Mitgefühl, Güte – und Humor. Wir fühlten uns sofort angenommen und geborgen und empfanden gleichzeitig großen Respekt. Als der Rinpoche sah, daß ich mich auf dem Boden unbequem fühlte, ließ er mir einen Stuhl kommen. Ich merkte, daß ich damit höher saß als er und zog meinen Kopf erschrocken ein – solche Dinge spielen unter Tibetern eine große Rolle. Doch er gab freundlich lächelnd zu verstehen, daß es so in Ordnung sei.

Bokar Rinpoche gehört zur Shangpa Kagyü-Linie der Karma Kagyü-Tradition und ist ihr Thronhalter. Wir fragten seinen Sekretär, der für uns dolmetschte:

„Was können Sie über die Linie von Bokar Rinpoche sagen?"

„Die ist etwas kompliziert, man kann in verschiedener Weise zählen. Aber eigentlich ist es völlig irrelevant, ob ein Rinpoche der 5. oder 12. in seiner Linie ist. Bokar Rinpoche ist der Zweite. Er war der Hauptschüler des vorigen Kalu Rinpoche, deshalb ist ihm jetzt die Erziehung seiner Reinkarnation anvertraut worden. Kalu Rinpoche war ein großer Gelehrter und ein großer tantrischer Meister. Bokar Rinpoche ist ihm darin sehr ähnlich, er hat alle Belehrungen und Übertragungen von Kalu Rinpoche seit seinem 20. Lebensjahr erhalten und ist zur Zeit nicht nur in der Karma Kagyü-Tradition einer der gelehrtesten und geachtetsten Meister. Auch einer der bescheidensten. Für ihn soll ein Kloster klein sein, die Mönche müssen gut sein, nichts Großes, aber innen muß es brennen: Kleiner Ofen, heißes Feuer, wie er oft sagt. Er wird deshalb auch vom Dalai Lama sehr geschätzt, weil er direkt und ohne Umschweife, aber immer in aller Demut und

Bescheidenheit redet. Er drängt sich nie vor. Die Hauptsache ist für ihn die Reinheit des Glaubens, nicht Macht und Geld."

Wir nutzten also die Gelegenheit, diesen Meister zu bitten, uns seine Auffassung von „Bewußtsein" zu erklären, dem vielleicht wichtigsten Begriff für das Verständnis der Reinkarnationslehre – er wird in der tibetischen Philosophie mit „Geist" gleichgesetzt. Für uns ist der Geist an die Hirnfunktion gekoppelt und entschwindet mit dem Hirntod ins Nichts. Aussagen, die anderes behaupten, gelten im Westen als unvernünftig, weil unbeweisbar und landen im Papierkorb.

„Was geht nun von einem Leben ins andere?" fragte ich den Rinpoche. *„Was Sie Namshe oder Bewußtseinskontinuum nennen – was ist das?"* (Bokar Rinpoche lacht.)
     „Am einfachsten kann man das so erklären: Wenn wir sterben, zerfällt unser Körper. Das, wodurch wir Leid und Glück erfahren, womit wir Leid und Glück verstehen, das geht nicht weg, es verschwindet nicht mit dem Körper. Das ist es, was andauert.
     Es muß in der Vergangenheit bestanden haben. Auch wenn wir keine Erinnerung an die Vergangenheit haben, so gibt es doch Hinweise, daß es eine Vergangenheit geben muß für diese Erfahrung. Wie wir Leid und Glück erfahren, das ist so individuell, daß es dafür keine andere Erklärung gibt, als daß dies eine Gewohnheit ist, die nicht erst in diesem Leben entstanden ist. Und in der Tat – wenn wir zurückblicken, dann sind uns manche Dinge so klar, daß man nur sagen kann, daß es mentale Gewohnheiten sind, die wir in der Vergangenheit aufgebaut haben. Und irgendwie müssen sie herübergebracht worden sein, irgend etwas muß sie tragen. Sie können das Bewußtsein nennen oder anders: Das ist der Träger der Gewohnheiten."

„Wird dieses individuelle Bewußtsein andauern, wenn jemand die Buddhaschaft erlangt, oder gibt es dafür ein Ende?"
     „Ein Ende haben die falschen Sichtweisen unseres Seins, also die Unwissenheit. Aber das ist nicht das Ende des Bewußtseins. Es manifestiert sich vielmehr in einem Zustand der Erleuchtung,

nicht behindert und fehlgeleitet durch Verdunkelungen (Kleshas). Es ist frei, seine vielen Potenzen nun unbehindert zu entfalten. Wir nennen das Buddha-Aktivitäten."

„Gibt es so etwas wie ein universales Buddha-Bewußtsein?"

„Es wäre nicht korrekt, dafür einen Namen zu geben, ein Etikett. Unsere Benennungen basieren auf einer dualistischen Auffassung der Welt: Eines und Vieles, Teil und Ganzes. Wir können gar nicht anders. Aber das natürliche und unbehinderte, also das erleuchtete Bewußtsein geht über die Begrenzungen dieser dualistischen Sichtweise hinaus."

„Also kann man gar nichts über das erleuchtete Bewußtsein aussagen?"

„Wir können alles Mögliche aussagen, aber was immer wir sagen, ist nicht das, was es wirklich ist. Es ist zwar etwas, was jeder erfahren kann, aber diese Erfahrung kann nicht in dualistischen Begriffen ausgedrückt werden. Und andere Begriffe hat unsere Sprache nicht zur Verfügung."

„Aber der Buddha hat gesagt, da ist etwas, was ungeboren ist, ungeschaffen: Was ist damit gemeint?" (Bokar Rinpoche lacht wieder.)

„Also das ist ein sehr wichtiger Punkt im Buddhismus, die Natur von Leerheit oder Sunyata und sehr schwer zu verstehen, ganz allgemein gesprochen. Aber was man begreifen kann, ist, daß es verschiedene Ebenen des Verstehens gibt, durch die man gehen muß. Es ist ein Prozeß der Verfeinerung. Und deshalb haben viele große Meister ein System entwickelt, wie man allmählich besser zu verstehen lernt. Und wer ein besseres Verständnis erlangen will, muß wissen, daß jede Stufe nur einen bestimmten Aspekt des Verstehens darstellt. Es bleiben immer noch viele andere Aspekte übrig. Unser Verstehen kann niemals vollständig sein. Außerdem wird oft in sehr verschiedener Terminologie gelehrt. Man muß erst auf jeder Stufe herausfinden, was die Worte meinen und wo sie nicht mehr relevant sind.

Man muß durch viele Worte gehen, über verschiedene Stufen, um zur endgültigen Bedeutung zu kommen. Die Natur aller Dinge ist Leerheit, Sunyata. Und man muß in erster Linie verstehen, daß Sunyata nicht Schwarz bedeutet, ein Vakuum wie die Leere des Weltraumes. Das ist relativ einfach zu verstehen. Alles, was in der Welt geschieht, alle Phänomene, ob Lebewesen oder Materie, existieren nur in Abhängigkeit voneinander. Deshalb hat nichts, kein Phänomen eine unabhängige, dauernde Existenz aus sich selbst heraus. Aber wenn wir das sagen, dann heißt das nicht, daß wir alles Existierende zurückweisen. Diese Phänomene sind da, aber sie haben keine Dauer, sie sind nicht statisch, nicht fixiert, sondern sie sind voneinander abhängig. Alle Erscheinungen sind real vor unseren Augen, aber diese Realität ist eine abhängige. Es gibt keine letzte, permanent andauernde Realität für sie.

Es ist einsichtig: Was abhängig existiert, kann nicht die letzte Wahrheit der Existenz sein. Ihre Natur ist Leerheit in dem Sinne, daß nichts unabhängig existiert. Aus dieser Sicht ist die Natur aller Phänomene ‚ungeboren'. Die Dinge werden geboren und vergehen – nein, das ist es nicht. Es gibt kein wirkliches Geborenwerden, keinen wirklichen Tod, der unabhängig von etwas anderem ist. Alles hat die Erscheinung von Geburt, von Verfall, von Wechsel, aber das ist alles voneinander abhängig, es gibt nichts, gar nichts, das unabhängig, aus sich selbst existiert. In diesem Sinne sind die Dinge ungeboren, nichts wird wirklich geboren, denn ihre Natur ist Leerheit."

Jenseits des irreführenden Einflusses der Sinnesorgane ist der Geist wie ein Spiegel. Er hat weder Farbe noch Form, ist weder hell noch dunkel, weder böse noch gut – so sagte der indische Meister Tilopa. Auch wenn alle Befleckungen des Geistes beseitigt sind, existiert der Geist weiter, genauso wie sich auch die Materie in verschiedenen Formen immer weiter fortsetzt. Weder Geist noch Materie haben einen Anfang oder ein Ende. Alle Phänomene sind nichts anderes als Hervorbringungen des Geistes.

Im Tantrayana – auf dem tantrischen Pfad – wird vom „Geist des Klaren Lichtes" gesprochen. Er ist, wie der Dalai Lama im „Yoga des Geistes" sagt, der Schöpfer, aber er betont, daß wir uns das Klare Licht keineswegs als eine Art universeller Seele vorstellen dürfen, sondern daß es ausschließlich im Bewußtseinskontinuum individueller Personen zu finden ist. Und es kann, sagt der Dalai Lama an anderer Stelle, die Gestalt von Tieren, Menschen oder Buddhas annehmen. Das sei die eigentliche Grundlage der Theorie von der Wiedergeburt. Notwendigerweise strebe der Geist im Wechsel der Gestalten nach der Buddhaschaft, und wenn er bei einem Menschen ein bestimmtes Qualitätsniveau erreicht habe, dann wähle er seine nächste Gestalt selbst: Das sei die Reinkarnation.

Der Dalai Lama spricht in vielen seiner Bücher im Zusammenhang mit Bewußtsein von Energie, die man sich aber nicht substrat-ähnlich vorstellen solle, gesammelt als Licht, sondern eher wie einen leuchtenden Raum. Nicht Substanz, sondern Leerheit oder latente Energie, die alles durchdringt. In seinem Buch „Die Buddha-Natur" sagt er, daß es Formen von subtiler Energie gibt, die man nicht unbedingt Bewußtsein nennen kann. Es gibt subtile Energie, die mit Bewußtsein verbunden ist, aber auch solche, die ohne Bewußtsein ist. Zugleich gibt es seiner Darstellung zufolge Energiepartikel, aus deren Verdichtung sich Materie bilden kann.

Über buddhistische Kosmologie, wie sie in den Sutren, vor allem in dem langen Sutra Avatamsaka mit seiner sehr mythologischen Darstellung, abgehandelt wird, hatte uns Khenpo Konchok Oser bereits einiges erzählt. Aber wir wollten mehr darüber erfahren. Eine andere Beschreibung vom Werden und Vergehen des Kosmos findet sich im Kalachakra Tantra, dessen Hüter das Namgyal-Kloster in Dharamsala ist. Aber wir fanden dort niemanden, der uns hätte Auskunft geben können. Schließlich fragten wir in der großen Bibliothek in Dharamsala nach und wurden an Geshe Thubten Dawa verwiesen, der dort unterrichtet. Er empfing uns in seiner kleinen Wohnung, ein älterer Mann ohne jede professorale Attitüde und wie alle Tibeter immer bereit zu lachen. Er saß auf seinem Bett, wir hockten vor ihm auf dem Boden.

„Geshe-la, wir möchten gern etwas über die Kosmologie im Kalachakra Tantra wissen, können Sie dazu etwas sagen?"
„Wir haben im Buddhismus zwei verschiedene Weisen, die Entstehung der Welten zu erklären. Eine ist in den Sutren, im Abhidharma enthalten, das die Natur aller Phänomene beschreibt.

Sie basiert auf der Vorstellung, daß der Berg Meru der Mittelpunkt der Welt ist. Sie ist heute wissenschaftlich nicht mehr haltbar. Die andere finden wir im Kalachakra.

Nach der buddhistischen Karmalehre entsteht nichts ohne vorhergehende Ursachen und Bedingungen. Ohne sie können weder Geist noch Materie entstehen. Wenn Materie entsteht, dann entsteht sie nicht aus dem Nichts, sondern es hat schon zuvor Teilchen oder Elemente gegeben. Damit ein Tisch entsteht, muß es nicht schon zuvor einen Tisch gegeben haben, aber die Elemente, aus denen er sich zusammensetzt, müssen bereits vorhanden gewesen sein.

Bewußtsein entsteht genauso. Jedem Moment von Bewußtsein ist ein anderer vorhergegangen. Genauso ist es mit der Materie. Nehmen Sie Form. Sie hat eine Gestalt, Farbe, Ausdehnung. Auch hier muß es vorhergehende Ursachen und Bedingungen geben. Ursachen können zusammengesetzte oder auch Einzelphänomene sein.

Wenn so auch kein Anfang da ist, kann es doch ein Ende geben. Wenn Sie Licht im Zimmer haben und knipsen den Schalter aus, dann gibt es kein Licht mehr, es ist weg. So ist es auch mit Welten. Knipsen Sie den Schalter wieder an, dann ist auch das Licht wieder da: So ist es auch mit der Entstehung einer neuen Welt. Sie setzt das Vorhandensein bereits bestehender Teilchen voraus.

Zwischen zwei Weltzyklen gibt es Raumteilchen oder wie immer man sie nennt. Sie sind sehr fein, viel feiner, als was sich die Griechen einmal unter Atomen vorgestellt hatten, insofern kann man das nicht direkt vergleichen. Manchmal nennt man sie ‚Anu‘. Anu heißt einfach ‚sehr subtil‘, ‚äußerst fein‘. Sie existieren seit endloser Zeit, aber sie können ein Ende haben.

Aber das gilt nur für bestimmte individuelle Teilchen, nicht generell für alle zusammen. Man kann also nicht sagen, daß alle Raumpartikel oder alle Materie ein definitives Ende haben werden. Es ist wichtig zu sehen, daß ein Materieteilchen nicht einen vorhergehenden Moment eines zusammengesetzten Materieteilchens des gleichen Typs haben muß. Es kann auch ein nichtzusammengesetztes Teilchen wie der Raum sein. Daraus kann dann ein neuer Kosmos entstehen.

Raum ist eines der fünf Elemente, daneben gibt es Wind oder Energie, Feuer oder Hitze, Wasser oder Flüssigkeit und Erde oder Festigkeit. Raum ist der Träger für die anderen Elemente in ihrer feinsten Form. Sie gehen aus ihm hervor und lösen sich wieder in ihm auf. Raum kann man negativ beschreiben als etwas, daß kein Hindernis für Bewegung ist, also für die Bewegung oder den Kontakt der anderen Elemente, wenn sich eine neue Welt bildet."

„Welche Kraft fügt denn die Raumpartikel zu einer neuen Welt zusammen?"

„Das ist die Macht oder Kraft des Karma der Wesen, die sich in dieser neuen Welt inkarnieren werden. Das Karma bindet die Raumteilchen zusammen und bildet ein Mandala des Wind-Elementes. Daraus entstehen Wasserpartikel und so weiter."

„Welche Beziehung besteht zwischen dem subtilen Geist und der subtilen Materie? Existieren sie zwischen zwei Welten unabhängig voneinander? Oder sind sie wie in unserem Körper miteinander verbunden als Windenergie und Geist?"

„Das Bewußtseinskontinuum oder Namshe und der extrem feine Wind existieren immer zusammen, sie sind zusammengebunden wie bei einem Bardowesen beim Übergang zwischen Tod und Wiedergeburt und enthalten die Fünf Elemente und ihre Qualitäten wie einen Samen, aus dem sich Materie oder physische Körper entwickeln können. Es gibt nicht nur eine Welt, unsere Welt. Wenn unsere Welt sich auflöst, dann können Wesen in jede andere Welt hineingeboren werden, eine der unzähligen Welten, die gleichzeitig existieren."

Das Interesse des Dalai Lama für die moderne Physik kommt sicher nicht von ungefähr: Die buddhistische Auffassung von Geist und Welt als ein anfangs- und endloses vernetztes Ganzes, von subtilen Energien, die sich einerseits auf die ganze Umwelt einschließlich der anderen Menschen auswirken und andererseits auf uns selbst zurückwirken, hat viele Ähnlichkeiten mit der Weltsicht der modernen Physik. Hier ist leider nicht der Platz, näher darauf einzugehen.

4. Tulkus – Manifestationen erleuchteten Bewußtseins

Versuchen wir einmal, auf dieser Basis theoretischen Wissens nachzuzeichnen, was denn ein Tulku im Kontext des tibetischen Buddhismus ist. Nehmen wir einmal an, jemand hat aufgrund angesammelten guten Karmas die Chance, am richtigen Ort und zum richtigen Zeitpunkt wiedergeboren zu werden. Er tritt in einen tibetischen Orden ein – dazu muß er natürlich kein Tibeter sein. Er hat dann weiter das Glück, einen Wurzelguru zu finden, also einen in seiner geistigen Verwirklichung weit fortgeschrittenen Lama, der ihm die mündliche Überlieferung der Texte, die Einführung in die Kommentarwerke und die tantrische Initiation in die Visualisationspraxis einer Gottheit gibt. Man muß sich darüber im klaren sein, daß es unter den Tausenden tibetischer Mönche und Hunderten von Lamas nur ganz wenige gibt, die das gesamte Wissen besitzen und die Ermächtigung, Lehren und Einweihungen weiterzugeben: Lama kann sich jeder Mönch nennen, der die gesamte traditionelle Ausbildung absolviert und mit einer Prüfung abgeschlossen hat. Aber auch hier gibt es viele Abstufungen.

Nehmen wir weiter an, unser Mönch ist mit Hilfe seines Gurus in seiner Praxis weit fortgeschritten und legt nun das Gelübde ab, ein Bodhisattva zu werden: Er gelobt, die Allwissenheit eines Buddhas nur deswegen zu erlangen, um allen fühlenden Wesen auf dem Weg zu ihrer eigenen Verwirklichung helfen zu können und sie so von den endlosen Leiden im Samsara zu befreien. Er entwickelt den Erleuchtungsgeist (Bodhicitta) und ist damit auf dem Bodhisattvaweg, der für den tantrischen Buddhismus von größter Bedeutung ist.

Der Weg geht über fünf „Pfade" und zehn „Stufen". Auf dem dritten Pfad, dem des „Sehens", der mit der ersten der zehn Stufen identisch ist, bekommt der Übende Einsicht in die Leerheit (Sunyata) und gewinnt 100 übernatürliche Fähigkeiten. Er ist jetzt frei, über Ort, Zeit und Form seiner Wiedergeburt selbst zu bestimmen, kann sich an 100 Vorexistenzen erinnern und sich, so schreibt Kalu Rinpoche, in 100 verschiedenen Wesen reinkarnieren. Auf jeder weiteren Stufe verzehnfacht sich dieses Potential.

Auf der 8. Stufe erlangt er die Befreiung und das heißt nichts anderes, als daß alle Trübungen des Geistes beseitigt sind. Nach der 10. Stufe erlangt der Bodhisattva die Allwissenheit eines Buddha und ist nun ein vollständig Erleuchteter: In dem Tulkusystem wird nicht zwischen einem Bodhisattva unterschieden, der auf dem Weg zur Buddhaschaft ist, und einem verwirklichten Buddha, der sich wieder reinkarniert.

Hat eine Person die Buddhaschaft erlangt, dann entwickelt sie ein „Buddhafeld" (Dharmadhatu), ein „Reines Land" um sich herum, ein individuelles Kraftfeld reiner geistiger Energie. Manche davon seien sehr bekannt, andere nicht, aber sie seien nicht voneinander unterschieden, erläuterte uns ein Lama.

Wir sprachen darüber im Kloster Mindrolling mit dem Khenchen Rinpoche, S. E. Khentrul Jigmey Namgyal Rinpoche. Er wurde 1970 geboren und ist der Repräsentant der Mindrolling-Tradition nach außen, dem auch die Regentschaft zufallen würde, falls

S. E. Khentrul Jigmey
Namgyal Rinpoche
(Khenchen Rinpoche),
Kloster Mindrolling

dem Sohn des Minling Trizin etwas zustoßen sollte. Der Rinpoche gehört zu den modernen, aufgeschlossenen Tulkus, die keineswegs in einem religiösen Elfenbeinturm leben, und gibt sich unkompliziert und unzeremoniell trotz seines hohen Ranges. Man redet ihn mit „Eure Eminenz" an. Er nahm sich viel Zeit für uns und holte einen jungen Tulku und den schon erwähnten Khenpo hinzu.

„Kann man sich ein Buddhafeld so vorstellen, daß das Bewußtsein aller Buddhas darin existiert wie in einem großen Gefäß, als universales Bewußtsein, und daß sich daraus ein spezifisches Bewußtsein ablöst und inkarniert?"

„In einem Buddhafeld – wir nennen es auch Dharmadhatu – existiert die Essenz des Bewußtseins, die Essenz von allem. Es gibt keinen Unterschied zwischen Dharmadhatu und Dharmakaya, einem Buddhafeld und dem Weisheitskörper des Buddhabewußtseins. Es sind nur verschiedene Begriffe. Es gibt keinen Unterschied zwischen einem individuellen Bewußtsein und einem erleuchteten Bewußtsein. Das Rigpa, also das zugrundeliegende Bewußtsein ist immer dasselbe, das erleuchtete Bewußtsein ist lediglich frei von Verdunkelungen. Aber in Wirklichkeit, in der Essenz gibt es keinen Unterschied.

Wir Nyingmapas unterscheiden im Dzogchen, unserem wichtigsten tantrischen Meditationssystem, konventionelle und letztliche Wahrheiten. Das äußerst subtile, angeborene Bewußtsein und die damit verbundenen sehr subtilen Winde sind letztliche Wahrheiten. Der natürlich anwesende Geist hat keinen Anfang und kein Ende, er ist ungeboren. Dieses letztliche Bewußtsein tritt nur dann zutage, wenn wir sterben. Wir erleben es nur im Tode. Man nennt es auch das Klare Licht."

„Was ist der Unterschied zwischen dem Klaren Licht und dem Bewußtsein von uns gewöhnlichen Sterblichen?"
„Es gibt keinen Unterschied."

Der von allen Verdunkelungen gereinigte Geist wird auch in der „Lehre von den Drei Körpern" beschrieben. Der Dharmakaya

(Wahrheitskörper) ist allwissende Weisheit, die untrennbar mit der Leerheit aller Phänomene vermischt ist. Er ist reine geistige Energie, obwohl wir von „Körper" sprechen. Der feinstoffliche Sambhogakaya (Körper des vollständigen Erfreuens) spiegelt die Natur der Klarheit des erleuchteten Geistes wider und kann für Wesen, die auf dem Bodhisattva-Pfad sind, als Lichtkörper sichtbar werden. Von ihm können viele Manifestationen ausgehen, die als gereinigtes Bewußtsein in verschiedenen Welten, in anderen Galaxien ebenso wie in Himmeln oder Höllen Form annehmen können. Wenn sie sich in menschlicher Gestalt inkarnieren, spricht man von einem Nirmanakaya (Ausstrahlungskörper, Erscheinungskörper). Wir nennen das einen Tulku.

Die Tibeter halten die Vorstellung einer Seele für einen ärgerlichen Irrtum, für ein Zeichen von „Unwissenheit" und lehnen natürlich auch den Begriff einer Seelenwanderung, wie er im Abendland gebräuchlich war, ab. Sie sprechen statt dessen von einem Bewußtseinskontinuum (Namshe), das uns von Leben zu Leben begleitet und Prägungen enthält (Bagchag), die durch karmisch wirksame Handlungen aktiviert werden. Bokar Rinpoche hat in dem oben zitierten Interview erklärt, daß die Fähigkeit, Freuden und Leiden weiterzugeben, in diesem Namshe oder Bewußtseinsstrom enthalten ist, nicht aber Wissen und Fertigkeiten.

Das bestätigte Tsawa Tulku, Tsogchen Tulku im Kloster Sera (Jahrgang 1971), als wir ihn fragten, ob er als Tulku nicht eigentlich eine größere Klarheit des Geistes haben müsse als wir gewöhnlichen Menschen: „Oh, ich glaube, es gibt schon einen Unterschied, wenn jemand eine Reinkarnation ist. Aber wenn eine Person entschlossen ist, sein Nichtwissen zu brechen und seinen Geist zu entwickeln, dann wird sich der Geist auch entwickeln. Wenn man seinen Geist läßt, wie er eben ist, dann kann es nur schlechter werden. Das gilt auch für einen Tulku."

Viele westliche Buddhisten sind da ganz anderer Meinung und erwarten von „ihren" Tulkus, daß sie – wie beispielsweise Lama Ösel, die Reinkarnation des im Westen bekannten und beliebten Lama Yeshe – eine Art buddhistischer Superstar werden. Schon aus diesem Grunde ist es sicher richtig, die jungen Tulkus in der

Abgeschiedenheit ihrer Klöster zu erziehen und nicht in westlichen Dharmazentren.

Neben den seltenen Reinkarnationen erleuchteter Meister – wenn ich sage „selten", dann ist das nicht meine eigene Meinung, sondern die der tibetischen Lamas – gibt es Tulkus, die man „Yangsi" nennt. Yangsi ist das tibetische Wort für Wiedergeburt: Meister „reinkarnieren" im Sprachgebrauch der Lamas, wir gewöhnlichen Menschen werden „wiedergeboren". Yangsis sind besonders begabt, und die Tulkuerziehung bringt ihre besten Qualitäten heraus, aber sie haben nicht die geistige Kraft, Ort und Zeit ihrer Wiedergeburt selbst bestimmen zu können. Als Yangsi werden manchmal auch solche Tulkus bezeichnet, die sich nur in menschlicher Form reinkarnieren können und nicht in anderen Welten oder anderen Daseinsbereichen. Manche Tulkus sind auch nur eingesetzt worden, üm einen leeren Platz in einer Linie auszufüllen. Das sind dann „falsche Tulkus" – aber wer kann das schon prüfen?

Ein Buddhabewußtsein in der Form des Sambhogakaya kann mehrere Manifestationen gleichzeitig aussenden: Man nennt sie „Tulpa". Bärlocher berichtet von einem Tulku, der auf eine entsprechende Frage hin eine Nacht Bedenkzeit erbat und dann am nächsten Tag sagte, daß er 200 solcher gleichzeitigen Manifestationen seiner geistigen „Quelle" kenne. Mehr wolle er nicht nennen, da man ihm dann vielleicht nicht mehr glauben würde!

Gelegentlich weisen mehrere Kandidaten, die als Reinkarnation eines verstorbenen Tulku in Betracht kommen, die gleichen Zeichen auf, es sind also Tulpas. In dem Film „Little Buddha" von Bertolucci ist diese Konstellation dargestellt worden. In solchen Fällen hat früher gewöhnlich ein hoher Lama die letzte Entscheidung gehabt: Man hat einen genommen und die anderen vergessen. Eine Ausnahme gab es bei den Panchen Lamas, bei denen etwaige nicht berücksichtigte Kandidaten als Tulkus anerkannt wurden und eine eigene Linie gründen konnten.

In unserer Zeit haben wir ein ähnliches Beispiel bei den zwei Karmapas, von denen ich schon gesprochen habe. Eigentlich könnte man ihre Existenz ganz einfach dadurch erklären, daß man sie als Tulpas der gleichen Bewußtseinsquelle ansieht, als Wesen einer Natur. Darauf hat auch der junge Trijang Rinpoche kürzlich in einem Interview hingewiesen. Wahrscheinlich würde das aber bedeuten, daß man ihnen beiden die gleiche religiöse Kompetenz und auch das gleiche, nicht unerhebliche materielle Erbe zusprechen müßte: In der Sunday Times of India vom 30. 1. 2000 war von drei Milliarden US Dollar die Rede – was wohl soviel heißen soll wie sehr, sehr viel Geld.

Ein Tulpa kann auch manifest werden, wenn sich der individuelle Bewußtseinsstrom eines spirituell weit fortgeschrittenen Meisters auf der Ebene des Sambhogakaya in drei Aspekte teilt und dann in seiner irdischen Manifestation jeweils dessen Körper, Rede und Geist (Ku-Sung-Thug) repräsentiert. Er muß dazu mindestens den Pfad des Sehens auf dem Weg eines Bodhisattva und damit die geistige Kraft erreicht haben, seine nächste Wiedergeburt kontrollieren zu können. Eine Teilung in fünf Aspekte – hinzu kommen dann „Qualität" und „Aktivität" eines individuellen Bewußtseins – ist ebenfalls möglich. Solche Reinkarnationen kennen sich oft untereinander und sterben zu verschiedenen Zeiten.

Ein Beispiel dafür ist der vorige Kalu Rinpoche. Er wurde vom 16. Karmapa im Alter von etwa 37 Jahren zusätzlich zu vier anderen Tulkus als die „Emanation der Aktivität" des tibetischen Meisters Jamgon Kongtrul Lodrö Taye anerkannt. Das war von diesem Tulku in gewisser Weise vorhergesagt worden. Die fünf Rinpoches waren miteinander befreundet.

Wir haben bei unseren Recherchen nur einen Tulku getroffen, der von sich sagte, daß verschiedene Bewußtseinsströme in ihm vereinigt seien, der also eigentlich das Gegenteil eines Tulpas war. Es war Mingyur Rinpoche, ein ungemein brillanter, schnelldenkender und aufgeschlossener Tulku im Kloster Sherabling in Bir/Nordindien, dessen inkarnierter Lama der Tai Situpa ist. In Sherabling leben 250 Mönche, unter ihnen vier Tulkus, die an der dortigen Shedra (College) alles studieren können, was die Kagyü-Tradition betrifft. Der Rinpoche wurde 1976 in Gangtok als der 7. in seiner Linie geboren und im Alter von drei Jahren vom 16. Karmapa gefunden. Dieser habe nach der Reinkarnation seines Vorgängers gesucht und aufgrund seiner transzendenten Weisheit (Yeshe) den Namen seiner Eltern und den Geburtsort angeben können.

Er wußte nicht viel über seinen Vorgänger, einen Kagyü-Tulku, und meinte dann: „Mir gehört auch das Kloster Ogyen Kunsang Choekor Ling in Darjeeling. Es ist das Kloster der Kanjur Rinpoches, das sind Nyingmapas. Wundert Sie das? Dilgo Khyentse Rinpoche, der große Nyingma-Meister, hat mich als Reinkarnation auch in dieser Linie anerkannt. Mein Vater ist ein Nyingma-Tulku ebenso wie meine drei Brüder. Und der Sohn meines ältesten Bruders ist die Reinkarnation von Dilgo Khyentse Rinpoche. Er lebt in Nepal."

„Dann sind in Ihnen also zwei Bewußtseinsströme vereinigt? Das soll sehr selten sein?"

„Das stimmt, aber Dilgo Khyentse Rinpoche war selbst die Reinkarnation von Meistern aus drei verschiedenen Linien. Das ist schon ein bißchen schwierig für mich, denn die beiden Namshes streiten immer miteinander", meinte er lachend.

„Denken Sie, daß beide Namshes von verschiedenen Individuen stammen?"

„Genau kann man das nicht wissen, aber nach meiner Meinung kommen sie beide aus der gleichen Bewußtseinsquelle, es sind also Tulpas. So wenigstens hat es Dilgo Khyentse Rinpoche meinem Großvater früher erklärt."

Im Anschluß an das Interview konnten wir den eben fertiggestellten zweistöckigen Tempel von Sherabling besichtigen. 60 Arbeiter und Künstler haben drei Jahre lang an seiner Ausgestaltung mit Statuen und wunderschönen Fresken innen und außen mitgewirkt. Die vergoldete Statue des Buddhas Maitreya ist etwa 15–20 m hoch: Tai Situ Rinpoche hat extra einen Meister aus Tibet kommen lassen, um sie anzufertigen. Er war bereits 83 Jahre alt und recht hinfällig, als er ankam, und der Rinpoche hat ihm gesagt, er müsse noch so lange leben, bis die Statue vollendet sei – jetzt geht es ihm bestens.

Bleibt noch die Frage, ob es auch eine physische Ähnlichkeit zwischen einem Tulku und seinem Vorgänger gibt. Eine bejahende Antwort haben wir nur einmal erhalten, von Jamyang Tashi, einem Betreuer von Trijang Rinpoche, der schon dem Vorgänger gedient hatte – zuvor wurde die Frage unter den anwesenden Tibetern lebhaft diskutiert.

„Ja, die Bewegungen und die charakterlichen Eigenarten, die Reaktionen sind sich sehr ähnlich", sagte Jamyang Tashi, „ich habe oft diesen Eindruck. Vom körperlichen Aussehen her ist es schwer zu sagen. Kyabje Trijang Rinpoche war ein sehr großgewachsener Mann, und Rinpoche hier wird jetzt erst langsam groß."

5. Westliche Tulkus und Frauen als Tulkus

Es gibt nur wenige anerkannte westliche Tulkus. Authentisch ist ganz sicher die Reinkarnation von Lama Yeshe: Vicki Mackenzie hat in ihrem Buch „Die Wiedergeburt" die Lebensgeschichte von Lama Yeshe geschildert und die Zeichen, die zur Auffindung von Lama Ösel, einem spanischen Jungen, führten. Der Dalai Lama hat ihn im Alter von 14 Monaten bestätigt. Er wird im Kloster Sera erzogen und macht die gesamte Ausbildung eines tibetischen Tulkus durch.

In einem anderen Buch – „Im Westen wiedergeboren" – hat die gleiche Autorin andere westliche Tulkus beschrieben, von denen ein kanadischer Junge – Tenzin Sherab – weltweit durch den Film „Little Buddha" berühmt wurde. Er kam nach seiner Anerkennung durch den Dalai Lama ebenfalls nach Sera, ist dann aber, wie man uns dort lakonisch sagte, nach einigen Jahren „wieder nach Hause gegangen". Kurze Zeit später hat er seine Mönchsgelübde zurückgegeben.

Still und unbeachtet lebt ein weiterer westlicher Tulku in einem französischen Kloster. Er heißt Trinley Tulku und wurde 1975 als Sohn eines Franzosen und einer Amerikanerin geboren. Kalu Rinpoche und der 16. Karmapa haben ihn als Reinkarnation eines eher unbekannten, jungverstorbenen Rinpoche anerkannt. Goshir Gyaltsab Rinpoche sagte uns, daß der 16. Karmapa insgesamt drei westliche Tulkus bestätigt habe, konnte aber nicht sagen, wer diese waren.

Ein anderer westlicher Tulku, Deshung Rinpoche aus Seattle, befindet sich in einem Kloster in Nepal. Er wurde im Alter von zehn oder elf Jahren von dem Sakya Trizin gefunden. Sein Vorgänger sei ein großer Gelehrter gewesen. Die Auskunft stammt von Ngor Luding Khenpo, dem Thronhalter des Luding-Zweiges der Sakyapas.

Der Sakya Trizin hat außerdem einen französischen Jungen als die Reinkarnation von Zina, der ersten, ungemein exzentrischen westlichen Schülerin von Lama Yeshe in Kopan/Nepal anerkannt, die später Nonne geworden war.

Auch wenn diese Information nicht strikt in ein Kapitel über westliche Tulkus gehört: Lama Zopa hat einen Chinesen aus Hongkong als Tulku anerkannt, er lebt in Kathmandu. Und es gab und gibt mongolische Tulkus und andere, die ethnisch den Bergstämmen Nordindiens angehören.

Penor Rinpoche, das Oberhaupt der Nyingma-Tradition, hat 1997 einen seiner westlichen Schüler, den amerikanischen Schauspieler Stephen Seagal, als Tulku erkannt, und zwar als Reinkarnation eines „Schatzsuchers" (Tertön) aus dem 17. Jahrhundert. Mr. Seagal wurde aber niemals inthronisiert, weil er weder die Ausbildung eines Tulkus hat, noch die Einweihung in bestimmte Lehren und Praktiken.

Offenbar hat es unter den tibetischen Lamas erhebliche Kontroversen um diese Anerkennung gegeben, und überall, wo wir Mr. Seagal ins Gespräch brachten, lächelten die Befragten still vor sich hin. Immerhin hat sich Penor Rinpoche veranlaßt gesehen, im Internet (www.palyul.org) dazu eine Erklärung abzugeben. Er, der bereits mit zehn Jahren erstmals einen Tulku erkannt habe und dann noch Hunderte andere, sei der Auffassung, daß das Erkennen eines Tulkus nichts anderes bedeute als das Erkennen eines außergewöhnlich starken Potentials dieser bestimmten Person, anderen zu helfen. Jeder Tulku müsse es nach seinem Vermögen entwickeln, in welcher Lebenssituation er sich auch immer befinde. Dieses Potential habe er in Stephen Seagal erkannt.

Das hat Penor Rinpoche offenbar auch in einer Amerikanerin gesehen, die von ihm 1988 als Reinkarnation von Ahkon Lhamo, der Schwester des Gründers der Palyul-Tradition bestätigt worden ist. Damals war sie schon mehrmals verheiratet gewesen, hatte mehrere Kinder und leitete ein spirituelles Zentrum in den USA.

Solche Tulkus seien, so bemerkte Lama Ngawang Tenzing Gyatso, der junge Generalsekretär des Klosters der Drukpa-Tradition in Darjeeling, vollkommen nutzlos, weil sie Funktionen und Aktivitäten, die in Verbindung mit einer bestimmten Tulkulinie stehen, nicht ausüben können. Wir hatten ihm erzählt, daß wir vor einigen Jahren die Rückkehr des inkarnierten Lamas des Klosters Hemis von Tibet nach Leh, der Hauptstadt von Ladakh, miterlebt hatten. Er war 1959 zum Studium in Tibet gewesen und hatte nicht fliehen können. In Ladakh hielt man ihn für tot und fand eine neue Inkarnation:

„Ja, das war Taktsang Rinpoche, der ranghöchste Lama von Ladakh. Die Taktsang Rinpoches sind aus Tibet gekommen und sind Drukpas. Es ist sehr traurig, daß er so lange in Tibet bleiben mußte, ohne daß er weitere mündliche Belehrungen und vor allem Einweihungen erhalten konnte: Erst war er lange im Gefängnis und dann hat er als Taxifahrer in Lhasa gearbeitet, bis er ausreisen konnte. Taktsang Rinpoche hat daraus die Konsequenz gezogen und ist nach Tibet zurückgegangen, obgleich die Ladakhi große Hoffnungen auf ihn setzten. Er war für sie ihre Sonne. Aber er war überzeugt davon, daß er nutzlos für die Gläubigen sei, weil er nicht mehr in der lebendigen Tradition stand, weil er nicht die nötige spirituelle Erziehung hatte.

Ähnlich ist es Tomo Geshe Rinpoche ergangen, der lange in chinesischer Gefangenschaft war und jetzt ziemlich isoliert in Amerika lebt. Sie kennen ihn wahrscheinlich, er" – damit meinte der Lama die vorhergehende Inkarnation! – „war der Lehrer von Lama Govinda, dem wir hier in der Nähe einen Stupa errichtet haben."

Und Situ Rinpoche erwiderte einmal lakonisch (zit. nach Jamgon Kongtrul Lodrö Taye, 1997) auf die Frage nach westlichen Tulkus: „Sie sind meist schon erwachsen, sie haben viele Komplexe und denken, sie seien irgendwer. Jedermann zweifelt an ihnen. Kann sein, daß sie wirklich Tulkus sind, aber dann sollte jemand sie zur richtigen Zeit erkannt haben."

Es gibt nur wenige weibliche Tulkus bei den Tibetern. Ich kenne nur zwei, wenn auch nicht persönlich: Das Kloster Samding westlich von Lhasa war das einzige Mönchkloster in Tibet, das von einem weiblichen inkarnierten Lama geleitet wurde: Dorje Pagmo. Sie wurde die „Donnersau" genannt, weil sich eine frühere Inkarnation bei einem Angriff auf ihr Kloster in eine riesige Sau verwandelt und durch ihr fürchterliches Grunzen die Feinde von der Plünderung ihres Klosters abgebracht haben soll. Die Äbtissin lernte nach der Besetzung Tibets einen chinesischen Offizier kennen und lieben und zog mit ihm nach Lhasa. Als wir vor Jahren das Kloster besuchten, waren die Mönche sehr traurig, daß sie auf diese Weise ihren Tulku verloren hatten, ohne auf eine baldige Reinkarnation hoffen zu können.

Der andere weibliche Tulku ist die Tochter von Minling Trizin Rinpoche, von dem schon die Rede war. Sie heißt Kadro Rinpoche und lebt in Mussourie in der Nähe von Dehra Dun, war aber zum Zeitpunkt unseres Besuches verreist. Wir fragten Seine Heiligkeit, warum es denn so wenige weibliche Tulkus gibt:

„Der Grund ist, daß es so viel mehr Männer als Frauen gibt, welche den Buddhismus studieren. Aber in Tibet hat es viele Frauen gegeben, die Tulkus waren. Es hängt auch vom Willen eines Meisters ab, wo und wie er reinkarnieren will, um den größtmöglichen Effekt zu erreichen, allen Wesen zu helfen. Wenn es nützlicher ist, als Frau zu reinkarnieren, dann wird er das tun. Vielleicht wird das in Zukunft ja öfter der Fall sein."

Eine interessante Antwort auf die Frage nach weiblichen Tulkus hatte Ngawang Lhamo, ein Mitglied des tibetischen Exilparlamentes. Sie sagte:

„Es gibt sicher viele unerkannte weibliche Tulkus. Aber unsere Gesellschaft ist darauf fixiert, daß ein Tulku immer ein Mann sein muß. Nicht einmal die Eltern denken daran, daß ein Mädchen ein Tulku sein könnte, und sie achten nicht darauf, ob es irgendwelche Zeichen gibt, die auf eine Reinkarnation hinweisen. Aber schon der Buddha selbst machte zwischen Mönchen und Nonnen einen großen Unterschied. Frauen haben viele Hindernisse auf dem Weg zur Erleuchtung, schon allein durch ihre Verpflichtungen in der Familie. Wir können uns als Frauen nicht so auf die Religion konzentrieren und nicht so meditieren wie die Männer. Sie wissen ja selbst, daß die Nonnen den Mönchen absolut untergeordnet sind. Sie können nicht einmal hier bei uns ordiniert werden. So können buddhistische Frauen vor allem im Westen nur weiter darauf hoffen, daß sich ein großer tibetischer Meister irgendwann einmal entschließt, als Frau im Westen wiedergeboren zu werden. Und zwar dann, wenn er damit die Lehre Buddhas wirkungsvoller verbreiten kann, als er es als Mann könnte."

III. Lebende Buddhas: Suche und Auffindung

1. Das Erkennen einer Reinkarnation durch hohe Lamas

Das Prinzip der Suche nach einer Reinkarnation ist einfach: Wenn ein Tulku verstorben ist, dann wenden sich der Verwalter seines Labrang, die verantwortlichen Mönche seines Klosters oder seine Schüler an einen hohen Lama und bitten ihn, die Reinkarnation zu suchen. Dabei wenden nur die Gelugpas ein relativ kompliziertes System des Suchens und Prüfens prospektiver Reinkarnationen an, nicht jedoch die anderen drei Schulen. Bei den Gelugpas lag die Suche im Exil in der Regel in den Händen von Kyabje Trijang Rinpoche oder des Dalai Lama selbst, bei den anderen Traditionen übernimmt meist der Thronhalter diese Aufgabe. Die bestätigenden Lamas haben gewöhnlich Träume oder Visionen, sie befragen manchmal Orakel und machen „Mo" (Divination, Weissagung). Wir werden später noch erklären, was das im einzelnen ist. In Tibet wurden häufig vorher oder gleichzeitig bekannte Lamas aus der gleichen Region und örtliche Orakel konsultiert und Träume und Visionen meist alter Frauen mit medialer Begabung als Hinweise benutzt.

Bei den Gelugpas ist die Suche nach einer Reinkarnation sehr viel komplizierter als bei den anderen Traditionen, weil bei ihnen häufig mehrere Kandidaten in Betracht gezogen und von regelrechten Suchkommissionen geprüft werden. Die Anerkennung durch einen hohen Lama steht erst ganz am Schluß dieses oft langwierigen Prozeßes. Insofern sind die Erzählungen der jungen Gelug-Tulkus auch wesentlich interessanter und voller für uns schier unglaublicher Geschichten, aber kein Tibeter würde ihre Glaubwürdigkeit je in Frage stellen. Für ihn sind sie ein Teil des mystischen Hintergrundes des tibetischen Buddhismus, mit dem er von klein auf vertraut ist. Seine Wurzeln reichen vielleicht weit in die vorbuddhistische, schamanistische Bön-Kultur zurück, die immerhin erst im 11. Jahrhundert durch Atisha endgültig durch den Buddhismus ersetzt – oder sollte man sagen: überdeckt? – wurde. Andererseits kann man in Indien ähnliche Berichte über die heute lebenden indischen Heiligen hören oder lesen.

Die entscheidende Frage ist natürlich: Wer erkennt eine Reinkarnation, und womit oder wodurch erkennt er sie? Eine etwas vage Antwort bekamen wir schon einmal von einem jungen Rinpoche, der meinte, dazu brauche der erkennende Lama so etwas wie das Dritte oder Göttliche Auge, die geistige Kraft und Weisheit eines Erleuchteten. Wir wollten das genauer wissen und fragten S. E. Do Drupchen Rinpoche, den höchsten Nyingma-Lama in Sikkim. Sein Kloster Chorten Gompa (Chorten Lhakang) auf einem Hügel unterhalb von Gangtok ist dort mit 1000 Mönchen das größte Nyingma-Kloster.

S. E. Do Drupchen Rinpoche, Abt des Klosters Chorten Lhakang in Gangtok

Man hatte uns gesagt, daß der Rinpoche extrem selten Interviews gebe. Vor seinem Audienzzimmer drängten sich viele Menschen, die Hilfe suchten, Kinder waren da, denen er einen Namen geben sollte, und man hatte sogar einen Leichnam aus Bhutan gebracht, den der weithin berühmte Tantriker segnen sollte. In einem Nebenraum saß seine Frau in einem roten Kleid mit einem braunen Überhang auf einer breiten Liege. Sie wirkte sehr gütig, teilte gesegnetes Wasser und heilendes Öl aus und nahm Spenden entgegen. Der Rinpoche, der uns nach kurzem Warten empfing, saß auf einem erhöhten Sitz in einem großen, nüchtern wirkenden Raum: Er ist etwa 60 Jahre alt, klein, sehr konzentriert und aufmerksam.

„Eminenz, wie findet man in Ihrer Tradition eine Reinkarnation?"

„Es gibt drei Möglichkeiten, um einen reinkarnierten Lama zu erkennen:

Ein Lama, der in der Praxis weit fortgeschritten ist, erkennt mit seiner transzendenten Weisheit (Yeshe), ob es sich um einen Rinpoche handelt oder nicht. Oder ein Meister erkennt in der Meditation, ob ein Kind ein reinkarnierter Lama ist oder nicht."

„Ist das nicht dasselbe?"

„Ja, es ist schon ähnlich. Und schließlich kann der Lama zu den Gottheiten beten und dann einen Traum haben, der ihm sagt, daß ein Kind die gesuchte Reinkarnation ist. Es kann auch gewisse Zeichen von seiten des Kindes geben, aber eine Prüfung wie bei den Gelugpas ist in unserer Tradition nicht vorgesehen."

„Wenden Sie bei der Suche auch bestimmte Arten von ‚Mo' an, oder werden Orakel eingeschaltet?"

„Man kann gelegentlich auch Orakel befragen. Mo wenden wir nicht an. Ich selbst mache niemals Mo."

Ähnlich war die Antwort von Khenchen Rinpoche (Mindrolling) auf die gleiche Frage: „Es hängt davon ab, ob das Kind, das gesucht wird, die Qualitäten eines Bodhisattva hat. Um das zu erkennen, muß der suchende Lama die gleiche Qualifikation haben. Manche Tulkus haben gewisse Zeichen, manchmal werden auch Orakel befragt. Meist hat der Lama aber einen Traum oder eine Vision in seiner Meditation, sie treten sozusagen automatisch auf. Dem Lama werden dann Name und Geburtsort des Tulku in dieser Weise mitgeteilt. Deshalb gibt es bei den Nyingmapas keine Liste von Kandidaten."

Der Rinpoche sagte damit, daß ein wirklicher Tulku sich zumindest auf dem Weg eines Bodhisattvas befinden muß – auf dem „Pfad des Sehens" –, sonst hätte er nicht die geistige Kraft erlangt, Ort und Zeit seiner Wiedergeburt selbst zu bestimmen. Und der erkennende Lama muß spirituell genausoweit entwickelt sein. Demnach müßte man unterstellen, daß alle heute lebenden Tulkus Bodhisattvas sind. Wir haben aber immer wieder gehört, daß es nur wenige Tulkus gibt, die diese Qualität haben, daß die meisten vielmehr „Yangsis" sind, welche diese Kraft nicht wirklich besitzen. Da bleiben für mich in der Tat einige Fragen offen.

Auch bei den Kagyüpas hängt die Auffindung einer Reinkarnation wesentlich von dem Lama ab, der nach einem bestimmten Tulku sucht. Es gibt keine Suchkommissionen und keine Listen etwaiger Kandidaten und nur ganz selten überhaupt mehr als einen Kandidaten. Goshir Gyaltsab Rinpoche (Rumtek) gab uns ein Beispiel, wie er einen Tulku findet:

„Sie haben eben mit Wangchuk Tulku gesprochen, der bei uns erzogen wird. Er ist jetzt 16 Jahre alt und in Nordtibet geboren worden. Der erste in seiner Linie war Lama Choepa, der Tutor Seiner Heiligkeit des 16. Karmapa in Tibet. Dazwischen gab es noch eine zweite Reinkarnation, die mit 16 Jahren während der chinesischen Kulturrevolution im Gefängnis gestorben ist.

Ich habe damals viele Orte auf der Suche nach der Reinkarnation von Lama Choepa in Nordtibet besucht. Das ist für mich kein Problem, weil ich einen bhutanesischen Paß habe. Ich habe dann ein Orakel befragt, zu den Gottheiten gebetet und Mo gemacht: Damit kannte ich den Geburtsort des Rinpoche und den Namen seiner Eltern. Ich mache Mo mit der Mala (tibetischer Rosenkranz), nicht mit Tsampa-Kugeln (dazu später mehr) oder mit Würfeln. Die Bedeutung sieht man dann in einem Buch (Petcha) nach" – er zeigt ein solches Buch. „Es ist vor langer, langer Zeit von einem indischen Meister geschrieben worden, er hieß Patampa. Ich glaube, er lebte im 10. Jahrhundert. Es gibt natürlich noch andere solche Bücher, die von anderen Meistern geschrieben worden sind, und es kommt auch darauf an, welche Art von Mo man macht. Aber irgendwie sind sie sich alle ähnlich. Nun, das Mo hat mir dann bestätigt, daß der Junge die gesuchte Reinkarnation war, und ich habe dann die Eltern des kleinen Rinpoche getroffen."

Wangchuk Tulku, Dharma Chakra Center, Rumtek (Sikkim)

Wangchuk Tulku, damals der einzige Tulku im Kloster, ist ein untersetzter, stämmiger junger Mann, der in der Gegenwart des Regenten kaum ein Wort sagte und sich an dem kleinen Hund, der auf seinem Schoß saß, geradezu festhielt. Als wir dann draußen Fotos von ihm machten, sprach er plötzlich ganz offen und lachend auf englisch mit uns. Wir fragten ihn noch, ob er sich als Kind an seine frühere Existenz erinnern konnte: „Nein ich glaube nicht, jedenfalls hat nie jemand davon erzählt. Manche Tulkus können das, manche nicht. Vielleicht hat auch niemand darauf geachtet, was ich gesagt habe, als ich noch sehr klein war. Und als ich gefunden wurde, war ich schon acht Jahre, da war alles vergessen."

Der ganze Prozeß der Suche und Auffindung kann, wenn er denn einmal eingeleitet worden ist, sehr schnell gehen, wie bei dem Drikung Tulku Nupa Kunchok Tenzin Rinpoche, der bereits im Mutterleib von Chetsang Rinpoche, dem Thronhalter der Tradition, als eine Reinkarnation bestätigt wurde. Oder er zieht sich – und das ist am häufigsten der Fall – über drei bis fünf Jahre hin. Dieses Alter ist vor allem für die Prüfung eines Kindes bei den Gelugpas wichtig, weil die Kinder dann schon sprechen und sich noch an ihre vorige Existenz erinnern können. Einige Tulkus berichten in der Tat, daß sie sich als kleine Kinder nach Aussagen ihrer Eltern oder ihrer Betreuer sehr genau an ihr Vorleben erinnern konnten.

Erinnerungen an Ereignisse oder Personen aus der vorigen Existenz sind in späterem Alter selten, kommen aber vor: „Wenn alte Mönche aus Tibet manchmal zu mir kommen, die engen Kontakt mit meinem Vorgänger hatten", sagte Ling Rinpoche, „dann kann ich sie manchmal beim Namen nennen, obwohl ich sie nie zuvor gesehen habe. Ich denke, das ist ganz natürlich für einen Tulku." Die Mehrheit der von uns befragten jungen Tulkus dürfte diese Meinung nicht teilen, da sie sich an gar nichts erinnern konnten oder je erinnert hatten.

Kyabje Ling Choktrul Rinpoche lebt seit 1996 im Kloster Drepung Loseling in einem zweistöckigen großen Labrang und empfing uns in einem sicher 40 qm großen Audienzsaal. Da wir eigentlich von dem indischen Sicherheitsoffizier aus der tibetischen Kolonie ausgewiesen worden waren, weil wir keine Aufenthaltserlaubnis besaßen, schlichen wir wie die Diebe nachts durch die Gassen des Klosterdorfes. Wir wurden ohne unseren Dolmetscher in ein ziemlich großes Haus zu Ling Rinpoche gebracht, der damals 13 Jahre alt war, und wußten zunächst nicht einmal, wen wir vor uns hatten. Er kam von seinem Platz in einer Ecke des Zimmers auf uns zu, freundlich, mit ausgestreckten Händen und sagte: „Ich bin Ling Rinpoche, und wer seid Ihr?", lächelte und bat uns, neben ihm auf einer Bank Platz zu nehmen, während seine Betreuer und unser danach eintreffender Dolmetscher wie üblich auf dem Boden saßen.

Während des gesamten Interviews beobachtete er mich genau, langweilte sich auch sichtbar während der manchmal langatmigen Übersetzungen und zog dann die Luft vernehmlich ein. Er war sofort wieder aufmerksam, wenn es weiterging, und an dem langen Gespräch sichtlich interessiert, ließ sich aber alle Fragen übersetzen, obgleich er gut englisch spricht. Er hatte, wenn man dies von einem so jungen Menschen überhaupt sagen kann, durchaus ein beeindruckendes Charisma. Hier war, im Gegensatz zu manch anderen Tulkus, die wir getroffen haben, die Kraft eines über viele Inkarnationen entwickelten Bewußtseins sehr deutlich zu spüren.

Die Suche kann auch dann sehr lange dauern, wenn sich zwei hohe Lamas zusammentun. Ngawang Tenzing Gyatso (Darjeeling), ein sehr moderner, aufgeschlossener und offenherziger Mönch Anfang Dreißig, der das Dali Gompa verwaltet, hat diese Situation erlebt. Er definierte aus seiner Sicht die Voraussetzungen, die der erkennende Lama haben sollte:

„Die Suche nach einer Reinkarnation ist bei uns Drukpas ganz anders als bei den Gelugpas. Deren System mit der Aufstellung von langen Listen von Kandidaten ist nicht so besonders gut. Es ist eher wie eine Lotterie. Wenn man Glück hat, wird man ein Tulku. Bei uns und bei den Nyingmapas muß eine Reinkarnation von einem Lama gefunden werden, der exzellent in seiner Meditationspraxis ist, der völlig sein Ego überwunden hat, der absolut nichts mit Politik zu tun hat, der voller Mitgefühl mit allen Wesen ist und eine große geistige, tantrische Kraft (Yeshe) besitzt. Nur der kann einen Tulku erkennen. Nur er kann entscheiden, ob es der wahre Tulku ist. Das hat absolut nichts zu tun mit intellektuellem Wissen, das der suchende Lama außerdem haben mag. Er sucht nach einem Wesen mit hochentwickelter Spiritualität, das sofort nach seiner Auffindung sehr, sehr wichtig für viele Menschen sein wird.

Solche Lamas haben in ihrer Meditation gewisse Visionen, Träume. Als unser Lehrer Kyabje Thugsey Rinpoche (1916–1983) starb, der dem Dalai Lama sehr nahe stand, baten wir unseren Lama, seine Reinkarnation zu finden. Er, der Drukchen, war selbst der Schüler des Verstorbenen gewesen. So taten sie sich beide zusammen, der Dalai Lama und der Drukchen. Es dauerte drei Jahre. Schließlich kamen beide in einer Retreathöhle in Ladakh zusammen, in der Nähe des Klosters Hemis. Sie meditierten zusammen. Dann schrieben beide, jeder für sich, den Namen der Reinkarnation nieder: Beide hatten den gleichen Namen – es war ein Kind aus einer Nomadenfamilie. Das war die endgültige Entscheidung. Keine Kandidaten, keine Prüfung.

Manchmal wird ein Tulku schon nach sieben Monaten gefunden, bei anderen dauert es 30 Jahre. Manchmal passiert gar nichts, keine Visionen, keine Träume, nichts. Man muß warten. Wenn es sehr lange gedauert hat, dann kann man annehmen, daß die vorangegangene Reinkarnation sich entweder in einem Buddhafeld aufgehalten hat, wenn sie denn die Buddhaschaft erlangt hatte, oder sich zwischenzeitlich unerkannt inmitten von uns reinkarniert hatte."

Der Lama brachte uns dann in ein schönes, großes Zimmer, in dem der junge Thugsey Rinpoche auf einer Art hölzernem Thron mit einem Tisch davor saß. Er war sicher der zauberhafteste Tulku, den wir bei unseren Recherchen gesehen haben, mit seinen zwölf Jahren noch voller kindlicher Anmut, mit einer ganz besonderen Ausstrahlung. Er war stockheiser, so daß wir kaum mit ihm sprechen konnten. Auf seinem Tisch waren kleine Figuren von Tieren und Menschen aufgebaut, die Kissen hinter ihm waren mit Mickymäusen bestickt – was uns erst zu Hause bei der Betrachtung der Fotos aufgefallen ist. Thugsey Rinpoche ist wirklich, wie sein Titel Rinpoche besagt, ein „wertvolles Juwel", ein Kind, das man Kind sein läßt, während man gleichzeitig behutsam seine Fähigkeiten entwickelt.

Wenn die Kinder älter als etwa fünf Jahre sind, haben sie in der Regel keine Erinnerung mehr an ihr Vorleben. In solchen Fällen

Kyabje Thugsey Rinpoche, Kloster Druk Thubten Sangag Choling (Dali Gompa), Darjeeling

wird natürlich auch bei den Gelugpas keine Suchkommission eingesetzt, sondern der Dalai Lama trifft die Entscheidung allein, auch wenn es mehrere Kandidaten gibt. So war es auch bei Tenzin Bhuchung Tulku, der bei seiner Auffindung in Tibet war und jetzt im Kloster Sera lebt. Er ist ein Datsang Tulku, ein „armer" Tulku, der auf die Spenden angewiesen ist, die bei gewissen Pujas an die Mönche verteilt werden. Er spricht kein Englisch und wirkt äußerst bescheiden und liebenswert. Die Geschichte, wie er aufgefunden wurde, ist deshalb bemerkenswert, weil hier der Dalai Lama selbst aus der Ferne konkret angegeben hat, wo und wen man suchen solle – ich denke, auch das ist gemeint, wenn man von der geistigen Kraft eines Erleuchteten spricht!

„Mein Vorgänger war in Kham Dhargye in Osttibet sehr berühmt", erzählte der Tulku, „er hatte dort einen Status wie etwa der Dalai Lama. Er blieb in Tibet und wurde von den Chinesen getötet.

Überlebende Mönche und Schüler des Vorgängers haben an Geshe Lotsen hier in Sera geschrieben und ihn gebeten, sich um die Auffindung der Reinkarnation zu kümmern. Geshe-la hat sich dann im Auftrag von Sera Jhe an den Dalai Lama gewandt, er möge herausfinden, ob sich der Vorgänger reinkarniert habe oder nicht. Seine Heiligkeit sagte: ,Ja, aber nicht in der Nähe des Klosters, etwas weiter weg, aber noch in Kham Dhargye.' Er gab die Richtung an, wo man nach Kindern suchen solle – die Tür des Elternhauses sehe nach Süden – und offenbar noch andere Zeichen, auch den Namen der Eltern.

Geshe Lotsen hat dann an das Kloster geschrieben, den Mönchen dort die Hinweise des Dalai Lama mitgeteilt und sie gebeten, eine Liste der Kandidaten aufzustellen, also aller Jungen, die in dieser Gegend besondere Zeichen hatten, daß sie die gesuchte Reinkarnation sein könnten. Als sie nach einer Weile kam, hat der Geshe sie dem Dalai Lama gegeben, und dieser hat sein Siegel neben meinen Namen gesetzt. Damals war ich sechs Jahre alt, bin aber erst neun Jahre später nach Indien gekommen, bei meiner Flucht hatte ich nicht eine einzige Rupie. Ich habe niemanden hier außer Geshe Lotsen. Er ist nun alles für mich."

2. Hinweise und Zeichen bei Tod und Wiedergeburt eines Meisters

Natürlich werden in den ganzen Prozeß der Suche alle Zeichen und Hinweise einbezogen, die der Vorgänger gegeben hat, die in der Schwangerschaft der Mutter aufgetreten sind, bei der Geburt des Kindes und danach und schließlich – bei den Gelugpas – bei der Prüfung. Oft bestehen sie nur in vagen Andeutungen, wenn ein Rinpoche kurz vor seinem Tode an einen bestimmten Ort kommt und sagt: „Oh, das ist ein schöner Ort, hierher möchte ich wiederkommen." Manchmal sagt er auch: „In dieser Familie möchte ich wiedergeboren werden."

Auch die Andeutungen, die Kalu Rinpoche (1905–1989) vor seinem Tode gemacht hatte, waren zunächst nicht zu entschlüsseln. Er war eine der fünf Inkarnationen von Jamgon Kongtrul Lodrö

Taye (1813–1899), einem der größten tibetischen Meister des 19. Jahrhunderts. Die Linie führt sich zurück bis auf die Zeiten Buddhas, auf Ananda, den Lieblingsschüler des Buddha. Kalu Rinpoche war schon in Tibet als Meditationsmeister berühmt gewesen, gab nach seiner Flucht viele Belehrungen in Indien und war auch einer der ersten Lamas, die im Westen lehrten.

„Der Rinpoche gab eigentlich keine klaren Hinweise auf seine Wiederkehr", erzählte Bokar Rinpoche, „es wäre auch nicht sein Stil gewesen. Aber nachträglich gesehen gibt es ein paar Anzeichen, daß er wußte, wo er wiedergeboren werden würde. Einige seiner Schüler hatten ihn gedrängt, sozusagen sein Haus zu bestellen, weil er schon so alt war. Aber er hatte ihnen immer gesagt, daß sie sich nicht sorgen sollten, er werde ganz bestimmt nicht wie ein Hund sterben.

Er hinterließ dann einen Brief, eine Art Testament, nach dem sein persönlicher Sekretär und Neffe, ein Laie, für das ganze Kloster verantwortlich sein solle. Einige Leute konnten das wirklich schwer verdauen. So wurde dann Tai Situ Rinpoche gebeten, nach der Reinkarnation zu suchen. Ein Jahr später bekamen der Sekretär und seine Frau einen Sohn, 15 Jahre, nachdem ihr letztes Kind geboren worden war. Auf einmal wurde alles klar, und Situ Rinpoche erkannte dieses Kind als die gesuchte Inkarnation. Auch der Dalai Lama bestätigte das. Es gab keine anderen Kandidaten, das ist in unserer Tradition nicht üblich."

Der junge Kalu Rinpoche ist sehr groß und kräftig für seine neun Jahre und absolut kein Schuljunge von seiner Ausstrahlung her. Er ist sich seiner Würde durchaus bewußt, aber er war offen und liebenswürdig in der Unterhaltung. Wir konnten ihn auch beim Spielen mit andern jungen Mönchen beobachten – es war dabei ganz eindeutig, wer das Sagen hatte: Es war der Rinpoche. Er war schon mehrmals in anderen asiatischen Ländern und im Westen und lernt jetzt, schnell zu lesen – das ist wichtig, weil er bei Ritualen vorlesen muß –, zu schreiben und in allen Ritualen perfekt zu werden, wie uns sein Mentor erklärte.

Daß ein Tulku überhaupt die Macht haben wird, sich zu reinkarnieren, zeigt sich manchmal schon eindeutig bei seinem Tode.

Kalu Tulku, zur Zeit im Kloster Bokar Ngedhon Chokhor Ling in Mirik, Darjeeling

Ling Rinpoche (Drepung) erzählte uns dazu: „Nach seinem Tode blieb mein Vorgänger noch 15 Tage in seiner Todesmeditation, wir nennen das Thugdam Shugpa, das ist eine tantrische Praxis. Thugdam ist die Meditation, Shugpa heißt bleiben. Für Außenstehende ist man dann tot, aber es tritt keine Verwesung ein. Fortgeschrittene Meditationspraktiker können aufgrund des guten Karmas, das sie angesammelt haben, für ein bis zwei Wochen in diesem Zustand bleiben. Das ist immer ein Zeichen, daß sie über Ort und Zeit ihrer Wiedergeburt selbst bestimmen können, und ein gutes Omen, daß man ihre Reinkarnation auch finden wird." Aber es beweist nicht, daß der Verstorbene die Erleuchtung erlangt hat, also ein Buddha geworden ist, wie man umgekehrt aus dem Fehlen von Thugdam nicht schließen kann, daß der Lama kein besonders hohes Niveau seiner geistigen Kraft erlangt hat.

Von anderen übernatürlichen Erscheinungen beim Tod eines Meisters berichtete Tsenshap Serkong Rinpoche im Kloster Ganden. Er wurde 1984 ziemlich genau neun Monate nach dem Tod seines Vorgängers geboren. Das sehr lebhafte Gespräch mit dem Rinpoche, das viel länger als geplant dauerte, führten wir großenteils direkt auf englisch:

„Mein Vorgänger kam 1982 aus dem Westen zurück, wo er Belehrungen gegeben hatte und ging direkt nach Ganden Jangtse, wo er einen Labrang hatte. Sonst lebte er in Dharamsala. Er machte hier sehr ungewöhnliche Gebete, und viele Leute kamen, um seinen Segen zu bekommen. Er gab alle seine Sachen fort, die er auf seinen Reisen gewöhnlich bei sich hatte, auch seine Schuhe und sogar seine rituellen Glocken. Das war wirklich sehr ungewöhnlich und ein sicheres Zeichen, daß er wiedergeboren und hierher zurückkehren werde, um zu studieren. Er starb Ende 1983 in Spiti, in Himachal Pradesh in seinen Sechzigern. Ihm gehörte dort das Tabo Gompa.

Kurz vor seinem Tode sagte er, Spiti sei ein so schöner Ort, und er machte dort spezielle Pujas, so etwas wie eine Segnung der Erde und der Menschen, und zwar an der gleichen Stelle, an der er nach seinem Tode verbrannt wurde: Er war drei Tage in Thugdam verblieben. Während der Einäscherung sprudelte plötzlich aus einem Felsen in der Nähe eine Quelle, obwohl es in dieser Gegend eigentlich nur wenig Wasser gibt. Die Quelle fließt immer noch und ist überall bekannt, weil ihr Wasser sehr heilkäftig ist. Es gab auch Regenbögen und wunderbare Lichter auf dem Hügel, auf dem der Verbrennungsplatz war.

Die Betreuer wandten sich dann an den Dalai Lama, um die Reinkarnation zu finden. ‚Macht euch keine Sorgen, es ist meine Pflicht, mich darum zu kümmern, denn der Rinpoche ist einer meiner Lehrer gewesen‘, sagte er ihnen. Er machte Mo und gab an, daß die Wiedergeburt in Spiti geboren werde, auch den Namen meiner Eltern und ließ in Spiti nach Jungen in einem bestimmten Alter suchen. Von denen hat man eine Liste gemacht, aus welcher der Dalai Lama mich bestätigte. Er setzte einfach sein Siegel neben den Namen. Es gab keine besondere Prüfung."

Auch bei der Verbrennung des Vorgängers von Gomo Tulku (Sera) geschahen merkwürdige Dinge. Massimo Stordi ist der Leiter des

Meditationszentrums „Istituto Lama Tzong Khapa" in Pomaia in der Toskana, einem der größten der 106 Zentren, die von Lama Yeshe und Lama Zopa im Westen gegründet wurden. Er ist der Manager des Labrang der jetzigen Inkarnation in Sera Jhe und schilderte uns mit italienischer Lebhaftigkeit sein erstes Zusammentreffen mit Gomo Rinpoche (1921–1985):

„Im Januar 1985 war ich in einem Retreat in Pomaia und hörte, daß ein hoher Lama kommen werde. Ich erinnere mich genau. Es war 4 Uhr nachmittags, es herrschte eine vollkommene Stille, und ganz plötzlich war mein Geist ganz ruhig, voller Frieden. Dann hörte ich, daß Gomo Rinpoche gerade in diesem Moment angekommen war.

Es war damals einer der kältesten Winter, die es je in Italien gegeben hat, und dem Rinpoche gefiel das gar nicht. Er blieb drei Monate bei uns, und wir bekamen zahlreiche Belehrungen und sehr machtvolle Einweihungen. Der Rinpoche hatte für mich eine ungeheure Ausstrahlung, etwas, was ich noch bei keinem anderen Lama erlebt habe, so machtvoll. Er beruhigte meinen Geist vollständig, als sei er direkt mit ihm verbunden, und ich wurde ihm vollständig ergeben.

Gomo Tulku starb einige Monate später in Indien an Leberkrebs. Nach seinem Tod blieb sein Körper drei Tage in Meditationshaltung, ohne zu verwesen. Nicht einmal die Körperfarbe wechselte. Seine Schüler, die bei der Verbrennung anwesend waren, sagten später, daß Regenbögen am Himmel erschienen sind, und Adler flogen über den Platz. Einige Leute sahen bei der Verbrennung tibetische Buchstaben im Feuer. In der Asche wurde dann ein Bild des Buddha gefunden und der Fußabdruck eines kleinen Kindes, der nach Norden zeigte. Das alles waren glückverheißende Zeichen für eine baldige Wiedergeburt."

Ungewöhnliches geschah auch bei der Verbrennung von Kyabje Zong Rinpoche (1904–1984): „Der Rinpoche hatte in seinem Tagebuch angegeben, an welchem Tag er sterben und wann man ihn verbrennen werde", erzählte seine Reinkarnation, wobei man wissen muß, daß der Tag der Einäscherung von Astrologen genau berechnet wird. „Er hatte auch gesagt, er werde an einem sehr kalten Ort in Indien wiedergeboren werden, nicht in Nepal, nicht in Sikkim oder Ladakh.

Er starb dann ganz plötzlich, und viele Leute im nahe gelegenen Mundgod bemerkten ein Beben der Erde. Der Rinpoche wurde dann in einem speziellen Ofen – er heißt Purkhang – verbrannt: Aus seiner Asche stiegen große weiße Flocken wie Popcorn auf, die für sehr wertvoll gehalten werden, wie Edelsteine. Auf tibetisch nennt man das ‚Ringsel‘. In der Asche waren auch zwei Fußabdrücke, wie mir seine Betreuer erzählt haben, so groß wie ein Daumen und komplett mit Zehen und Fersen. Der Schädel war nicht verbrannt, er war vollkommen intakt und darauf war ein A eingezeichnet.“ Es heißt, daß sich solche „Ringsel“ von verwirklichten Meistern in wunscherfüllende Edelsteine verwandeln, in den Ozean gelangen und dort von den Nagas (Wassergeistern) bewacht werden.

Während der Schwangerschaft haben die Mütter der Tulkus nicht selten Träume von Gottheiten oder von Thronen, die als Hinweise angesehen werden, daß da ein ganz besonderes Kind geboren werden wird. Die Geburt solcher Kinder wird ebenfalls von merkwürdigen Phänomenen begleitet: Regenbögen sind am häufigsten, Vögel kommen, die es in der Gegend nie vorher gab, oder Obstbäume fangen mitten im Winter an zu blühen. In Tibet kennt man auch „Regenblüten“. Das sind keine wirklichen Blumen, sondern sehr seltsame Reflektionen der Sonnenstrahlen. Wenn man zum Himmel schaut, dann sieht es aus, als ob Diamanten vom Himmel fallen. Jeder Regentropfen reflektiert dann Licht, sagt man. Es ist irgendwie zwischen Regentropfen und Hagelkörnern. Lamas, die so ein Kind sehen, sagen dann: „Paßt gut auf das Kind auf, es ist ein ganz besonderes Kind.“

Manchmal hat das Neugeborene besondere physische Zeichen: Die Eltern von Tenzin Bhuchung Tulku hatten mehrere Kinder. Der Dalai Lama hatte zwar den Namen der Familie angegeben, in der man die Reinkarnation finden werde, aber jedes Kind hatte ein Zeichen, besondere Träume oder ein Muttermal. Sie alle kamen auf die Liste. Nur ein einziges Kind hatte ein ganz außergewöhnliches

Tenzin Bhuchung Tulku, Kloster Sera Jhe

Merkmal: Der dritte und der vierte Finger der rechten Hand und die entsprechenden Zehen am rechten Fuß waren zusammengewachsen. Dieses Kind wurde dann als Reinkarnation anerkannt.

Eine sehr seltsame Erscheinung war nach der Geburt von Dagri Rinpoche zu sehen. Der Tulku – Jahrgang 1958 – empfing uns in seinem Labrang im Kloster Sera:

„Meine Mutter hatte schon zwei Tulkus vor mir geboren. Ich soll sehr verschieden von anderen Babys gewesen sein, sehr sauber schon bei der Geburt. Außerdem hatte ich so etwas wie einen Zahn aus Gummi. Und viele Leute kamen, um dieses ungewöhnliche Zeichen zu sehen. Sie brachten aber viel Dreck ins Haus – und der Zahn verschwand. Später dann, als ich anfing zu sprechen, gingen meine Eltern mit mir nach Lhasa, um den Potala zu besuchen, in dem mein Vorgänger gearbeitet hatte. Als wir in Sichtweite des Palastes kamen, erschien auch der Zahn wieder, und meinen Eltern kam es so vor, als ob ich die Gegend schon kenne und nicht nur die Gegend, sondern auch die Mönche im Potala, mit denen ich wie mit meinesgleichen gesprochen haben soll, obwohl Kinder sonst nicht wagen, Lamas anzusprechen. Ich führte die Eltern hier und dort entlang, als wenn ich immer im Palast gelebt hätte.

Die beiden Tutoren Seiner Heiligkeit hatten schon bald nach dem Tod des Vorgängers das Orakel der Hauptschutzgottheit von Sera, einer Göttin namens ‚Karma-sha', befragt. Dieses hatte geweissagt, wie alt Vater und Mutter des Kindes sein würden und in welcher Provinz das Elternhaus sei, wo das Haus stehe und sogar, welchen Hund die Familie habe. So war eigentlich schon von Anfang klar, wo man mich finden würde."

Die Auffindung des jüngeren Thomthok Tulku (Sera) ist eine regelrechte Detektivgeschichte, in der sich Indiz auf Indiz zu einem Puzzle zusammenfügt. Wir hörten sie von Thamthog Tulku in Mailand:

„Als ich" – also Thamthog Tulku – „acht Jahre alt war, kam ich in das Kloster Lithang, das ist das größte Kloster in Kham. Es war nicht weit von unserem eigenen Kloster weg und hatte 7000 oder 8000 Mönche. Der Vorgänger des jüngeren Rinpoche war damals der Abt dort und hat mich seinerzeit als Reinkarnation erkannt. Wir beide lebten wie eine Familie zusammen im selben Labrang. Er bestand darauf, einen bestimmten Rinpoche ins Kloster Ganden zum Studieren zu schicken und sagte immer: ‚Er wird Dir einmal sehr nützlich sein.' Wir, dieser Rinpoche und ich, waren nach der Flucht zusammen im Lager Buxa. Er heiratete später und bekam einen Sohn.

Dieser Abt war sehr gegen die Chinesen gewesen, und ich dachte, er sei vielleicht tot. Das träumte ich dann auch und erzählte Kyabje Zong Rinpoche in Ganden davon. Er war ein sehr bedeutender Meister und mein Lehrer im Tantrakloster gewesen. Ich hatte großes Vertrauen zu ihm und werde seine Güte nie vergessen. Er bestätigte mich. ‚Du hast recht', sagte er. Er war sich sicher, daß der Vorgänger tot war. Dann fing ich an zu suchen. Ich fragte auch Kyabje Trijang Rinpoche, er machte Mo und sagte dasselbe."

„Was ist Mo?"
„Oh, das ist schwierig. Es gibt verschiedene Arten von Mo, solche von verschiedenen Gottheiten, von Manjushri, von Beschützern wie Palden Lhamo und anderen. Wer das Mo macht, muß Einweihungen haben, vorher in Retreat gehen. Es gibt verschiedene Texte, die in Beziehung zu den Gottheiten stehen. Manches ist auch geheim."

„Können Sie auch Mo machen? Mein Mo?"
„Ja, ich weiß nicht, sicher nicht perfekt" (lacht). „Ich kann Träume deuten. Jedenfalls, als ich davon hörte, daß dieser andere Rinpoche einen Sohn bekommen hatte, dachte ich, vielleicht ist dieses Kind die Reinkarnation des Abtes, obgleich ich etwas Zweifel hatte. Ich machte eine Liste mit vielen Namen, wie mir Trijang Rinpoche gesagt hatte, und schrieb auch den Namen dieses Kindes darauf. Die gab ich Kyabje Ling Rinpoche. Der machte Mo und setzte dann seinen Stempel neben den Namen des Kindes: Bei seiner Geburt war übrigens ein Regenbogen über dem Haus der Eltern erschienen.

Das Kind hat immer zu seinem Vater gesagt: ‚Oh, das ist nicht mein Platz hier' – er lebte damals in Bomdila in Nordostindien – ‚warum muß ich hierbleiben, ich muß nach Sera gehen, da ist mein Kloster.' Ich erfuhr das, hatte aber immer noch etwas Zweifel und entschloß mich, die Familie zu besuchen. Ich brachte Sachen von mir mit und auch solche, die nicht mir gehörten. Vom Vorgänger des Jüngeren gab es zwar nichts mehr – aber wir hatten ja wie eine Familie zusammen in unserem Labrang in Tibet gewohnt. Ich legte also unter anderem einige meiner eigenen alten Sachen vor den Jungen hin, und er wählte ganz präzise, was mir gehörte. Und das Kind sagte zu mir: ‚Ich will nicht bei Vater sein, ich will bei Dir sein, in Deinem Haus.' Er weinte den ganzen Tag, weil er absolut mit mir kommen wollte.

Als der Rinpoche später wirklich in Sera in meinem Labrang lebte, erzählte er manchmal: ‚Oh, ich war im Gefängnis, dann ging ich in die Berge, hoch hinauf. Dort blieb ich, meditierte und dort starb ich.' Er zeigte auch auf eine Stelle an seinem Kopf, und ich fragte, was geschehen sei. Das seien die Chinesen gewesen, sagte er, die auf ihn geschossen hätten.

Ich reiste 1993 selbst nach Tibet und habe alte Leute befragt. Sie erzählten mir, daß der Vorgänger damals im Gefängnis war. Eines Tages hat er gesagt: ‚Ich gehe!' Und alle sagten, wie will er das machen – unmöglich. Und auf einmal war er weg. Die Kleider waren noch da, aber er war verschwunden, durch die Mauern gegangen. Die Chinesen suchten ihn überall, aber vergeblich. Die Leute meinten, er sei keinesfalls von den Chinesen getötet worden, denn sie hätten ihn ja nicht finden können.“

3. Suche und Prüfung bei den Gelugpas

Bei den Gelugpas werden regelrechte Suchkommissionen eingesetzt, denen der Chandsö und andere enge Mitarbeiter des verstorbenen Lamas angehören. Sie sammeln Informationen über Kinder mit besonderen Zeichen, die in einem bestimmten Zeitraum und in einer bestimmten Region geboren worden sind, und befragen diskret ihre Umgebung. Dann wird eine Liste möglicher Kandidaten aufgestellt. Sie kann, wie bei der Suche nach den Inkarnationen der beiden Tutoren des 14. Dalai Lama, über 500 Kandidaten umfassen, die auf verschiedene Weise, auch durch Divinationen, immer weiter eingegrenzt werden. Nur die letzten zwei oder drei Kandidaten werden regelrecht geprüft.

Die Kommission erscheint unangemeldet. Der suchende Lama gibt sich meist nicht zu erkennen und bleibt im Hintergrund. Dem Kind werden Objekte aus dem Besitz des Verstorbenen vorgelegt, zum Beispiel seine Uhr, seine Teetasse, rituelle Gegenstände wie die Gebetskette (Mala), das rituelle Zepter (Dorje), die Glocke oder die Trommel. Das wird mit ähnlichen Objekten, die neu sind, gemischt. Wer ohne Zögern nach den Besitztümern des verstorbenen Lamas greift, hat schon fast gewonnen. Er muß nur noch vom Dalai Lama oder einem anderen hohen Lama bestätigt werden, der sein Siegel neben den betreffenden Namen auf der

Liste setzt, nachdem er in Zweifelsfällen vorher noch einmal Mo gemacht hat.

Wenn ein Kind einzelne Mitglieder der Kommission beim Namen nennen kann, dann gibt es fast keinen Zweifel mehr, daß das richtige Kind gefunden worden ist: „Die Suchkommission kam völlig überraschend in unser Haus im Kulu-Tal, nicht so weit weg von Dharamsala", erzählte Zong Rinpoche (Ganden), „aber ich konnte den Chandsö des Vorgängers und zwei ältere Mönche, die zu der Kommission gehörten, beim Namen nennen und gab ihnen meinen Segen. In diesem Leben hatte ich sie nie zuvor gesehen. Damals war ich fünf Jahre alt und konnte mich noch an mein Vorleben und die Leute, die früher bei mir gewesen waren, erinnern – heute nicht mehr. Der Dalai Lama hat mich dann aus ursprünglich 500 Kandidaten bestätigt: Die Namen hatten sie von dem Shugden-Orakel des Klosters Ganden Shartse bekommen."

1984 oder 1985 wurde ich in ein Privathaus in Dharamsala zu einem Lama gebeten, um ihn zu untersuchen. Er erklärte mir, daß er der Sekretär des verstorbenen Kyabje Ling Rinpoche sei und die Suche nach dessen Wiedergeburt leite – er müsse wieder gesund werden, denn diese Aufgabe müsse er unbedingt erfüllen. Der einbalsamierte Leichnam des Verstorbenen saß auf einer Art Thron im Arbeitszimmer seines Labrang, während nahebei ein Stupa im Bau war, in dem er später beigesetzt werden sollte. Kyabje Yongzin Ling Rinpoche (1902–1983) – mit Yongzin Rinpoche werden die Tutoren des Dalai Lama angesprochen – war der 97. Ganden Tripa und einer der am höchsten respektierten tibetischen Meister. Er war der ältere Tutor des Dalai Lama und starb im Dezember 1983. Der Dalai Lama selbst setzte dann die Findungskommission ein, nachdem er eine Vision gehabt und Mo gemacht hatte, ob und wo sein Tutor wiedergeboren worden sei.

Man suchte an vielen Orten in ganz Indien nach allen tibetischen Jungen, die im Ochsenjahr (1985) geboren worden waren. Es kamen 630 Jungen auf die Liste, die aufgrund bestimmter Zeichen immer mehr eingegrenzt wurde, bis nur noch zwei übrig blieben. Einer wohnte in Dharamsala und wurde zuerst geprüft, aber er bestand die Prüfung irgendwie nicht, er weinte und lief weg.

Der andere Junge lebte in Bir, nicht weit weg von Dharamsala, er war gerade zwei Jahre alt. Der Dalai Lama schickte dann eine Kommission zu dem heiligen Lhamo Latso See in Tibet, um sicher zu sein, daß dies der richtige Kandidat war – solche Kontakte sind erstaunlicherweise auch im Exil möglich gewesen. Die Mönche konnten in dem See ganz klar das Haus sehen, in dem der gesuchte Tulku mit seinen Eltern lebte, und es gab auch Hinweise auf die Arbeit des Vaters, der mit Pullovern handelte. Eine besondere Prüfung des jungen Ling Rinpoche wurde danach nicht mehr für notwendig gehalten.

Die Suche nach der Reinkarnation von Gomo Tulku war insofern etwas kompliziert, weil alle Beobachter sich zwar wegen der günstigen Zeichen, die man bei der Verbrennung des Rinpoche gesehen hatte, einer Wiedergeburt sicher waren, aber zunächst nicht wußten, wo sie suchen sollten. Wir fragten Gomo Tulku in Sera Jhe: *„Rinpoche, wie konnte man wissen, daß Sie in Kanada wiedergeboren worden waren?"* Der Tulku war erst zehn Jahre alt, hatte aber das Gespräch – es waren noch fünf andere Personen anwesend – voll in der Hand und bewegte sich lebhaft und gestenreich mit dem ganzen Oberkörper. Er wirkt sehr natürlich und für sein Alter ungewöhnlich reif. Der Rinpoche ist die Reinkarnation seines Großvaters, der die Robe ausgezogen und geheiratet hatte. Er wurde in Kanada geboren und kam mit sieben Jahren in das Kloster Sera:

„Mein Großvater war mit meiner Mutter in Sera gewesen", antwortete er, „hier in Indien. Er sagte damals, er wolle hier ein kleines Haus haben. Er sagte nicht, ob das für sein jetziges oder für das nächste Leben gemeint war. Der damalige Abt stimmte zu und sagte: ‚Gut, wir bauen ein Haus.' Und mein Großvater sagte zu meiner Mutter: ‚Ich werde wieder hierher kommen.' Das war ein definitives Zeichen, nicht?

Als er gestorben war, haben sich die Mönche von Sera auf die Suche nach der Reinkarnation gemacht. Aber die Mönche in meinem alten Kloster in Tibet hatten auch nach einer Reinkarnation gesucht und schon einen Jungen gefunden. Sie wußten aber nicht genau, ob er der Richtige war und schickten ein paar Mönche nach Indien. Sie sagten: ‚Wir haben jemanden in Tibet gefunden, aber wir sind uns nicht sicher. Wir wollen herausfinden, was wahr ist.' Und so fragten alle Lama Zopa, der ein Schüler meines Großvaters war.

Also Zopa Rinpoche sagte, da ist jemand in Indien. Das geht so: Der Lama gibt niemals einen Namen. Er sagt vielleicht: ‚Sucht in Südindien.' Dann wird eine Liste von Namen zusammengestellt. Dann sagt der Lama: ‚Es ist keiner von ihnen, Ihr müßt weiter suchen.' Die Mönche, welche die Reinkarnation suchen sollen, erkundigen sich dann an vielen Orten nach Träumen der Eltern und anderen Zeichen und fragen die Leute, ob sie an einem bestimmten Jungen etwas Besonderes bemerkt haben.

Das haben sie genau so auch hier gemacht. Dann haben sie das Nechung-Orakel in Dharamsala befragt. Also Nechung sagte, der Ort liegt im Westen und es gibt eine sehr enge Verbindung mit dem Verstorbenen. So haben sie die ganze Verwandtschaft untersucht, und einer meiner Vettern, der auch in Kanada lebte, kam in die engere Wahl. Dann ist die ganze Kommission von Sera nach Montreal gefahren."

„Was machten die Mönche da, erinnern Sie sich, warum man Sie und nicht den Vetter gewählt hat?"

„Ich weiß es nicht, vielleicht war es das Mo. Ich kann mich an nichts erinnern" (stöhnt). „Die anderen hier sind auch neu und wissen nichts."

Massimo Stordi ergänzte die Erzählung von Gomo Rinpoche, als wir ihn später in Italien trafen. Er sagte, daß Lama Zopa ein Orakel befragt habe, das angab, der Rinpoche werde in seiner eigenen Familie wiedergeboren werden.

„Welches Orakel war das?"

„Es war Shugden. Es gab am Ende drei Kandidaten, den Jungen aus Tibet und die beiden Enkel des verstorbenen Rinpoche. Lama Zopa machte Mo und erkannte den jetzigen Rinpoche als die gesuchte Reinkarnation. Aber aus Respekt befragte er auch Seine Heiligkeit. Dieser warf drei Bälle aus Tsampa mit den Namen der

Massimo Stordi, Chandsö von Gomo Tulku, Pomaia, Italien

drei Kandidaten darin in eine Schale, betete und nahm als erstes den Tsampa-Ball mit dem Namen des jetzigen Rinpoche heraus. Das wiederholte er dreimal, immer mit dem gleichen Ergebnis." Tsampa ist die Lieblingsspeise der Tibeter, eine klebrige Masse aus geröstetem Gerstenmehl vermischt mit fettem Buttertee.

Zum Abschluß dieses Kapitels ist es vielleicht ganz aufschluß-reich zu lesen, was der junge Trijang Rinpoche in der Schweiz und sein Vater zu seiner Auffindung sagen können. Sein berühmter Vorgänger, Kyabje Yongzin Trijang Rinpoche (1900–1981), hat selbst viele der jetzt lebenden Tulkus bestätigt oder war an ihrer Auffindung beteiligt. Seine Reinkarnation wurde ziemlich genau zwölf Monate nach seinem Tod in Dalhousie, einige Busstunden von Dharamsala entfernt, geboren und 1985 gefunden.
An dem Bericht ist einmal interessant, daß der Vorgänger eine etwas verschlüsselte Voraussage gemacht hat, in welche Familie

er zukünftig hineingeboren werden würde. Die Aufzeichnungen des Vaters von Trijang Rinpoche zeigen zudem, daß schon über Generationen hinweg verwandtschaftliche – karmische? – Beziehungen seiner Familie zu mehreren Tulkulinien bestanden haben, und schließlich, daß es von seiten des Kindes viele, im nachhinein durchaus schlüssige Hinweise gegeben hat, daß es der gesuchte Tulku war. Bei der Suche sind auch auffallend viele Divinationen gemacht und Orakel eingeschaltet worden. Wir fragten den Rinpoche, welche Hinweise sein Vorgänger gegeben hat, ob und wo er wiedergeboren werden würde:

„Der Chandsö des Rinpoche, Kungo Palden, hat vor dessen Tod mit ihm über seine Wiedergeburt gesprochen und ihn gefragt, in welcher der drei Regionen Tibets er Wiedergeburt nehmen würde. Er sagte damals, daß seine nächsten Eltern aus Zentraltibet stammen. So steht es auch in seinem Tagebuch. Das heißt natürlich nicht, daß sie dort auch wohnen mußten.

Kungo Palden hat in Absprache mit dem Dalai Lama in praktisch allen tibetischen Siedlungen Indiens, Nepals und Bhutans nach entsprechenden Kindern gesucht. Es gab am Ende 540 Kandidaten, die alle besondere Zeichen hatten. Durch Divinationen und das Werfen von Tsampa-Kugeln durch den Dalai Lama wurden sie immer weiter eingegrenzt, bis am Schluß nur noch drei Kandidaten übrig waren. Einer war aus Ladakh, einer aus Delhi und ich. Eine besondere Prüfung gab es nicht mehr.

Der Dalai Lama hat dann Divinationen gemacht, wann der richtige Zeitpunkt gekommen sei, eine Entscheidung zu fällen, und wer der richtige Kandidat ist. Die gleichen Fragen wurden von Kungo Palden im Namen des Hauses von Trijang Rinpoche auch immer wieder an Dorje Shugden gestellt, um auch von dieser Seite eine Bestätigung zu bekommen."

Der folgende Bericht über Zeichen und Geschehnisse vor und nach der Geburt des Kindes beruht auf Aufzeichnungen von Trijang Rinpoches Vater: „Die vorhergehenden Inkarnationen von Trijang Rinpoche und den beiden Lamas Khamlung Rinpoche und Phukang Rinpoche, waren miteinander verwandt. Die beiden letzteren hatten kurz vor ihrem Tode angedeutet, daß sie in unserer Familie Wiedergeburt nehmen würden, und so geschah es auch tatsächlich. Das war in Tibet. Als meine Eltern Kyabje Trijang Rinpoche später davon erzählten, sagte er: ‚Das scheint wohl ein Zeichen zu sein, daß auch ich in Zukunft in Eure Verwandtschaft kommen werde.‘ Kurz vor seinem Tode in Indien erzählte er dann auch mir alle diese Geschichten über die Verwandtschaftsverhältnisse dieser großen Meister über die verschiedenen Inkarnationen hinweg.

Einige Monate nach seinem Tode wurde meine Frau schwanger, und wir dachten beide, daß das Baby Trijang Rinpoche sein könnte. Wir hatten immer wieder merkwürdige Träume. Später blühte ein Aprikosenbaum vor dem Eingang zu unserem Haus besonders schön, aber die Blüten wurden durch Hagel zerstört. Nach einiger Zeit blühte er seltsamerweise noch einmal, und alle Leute staunten, weil die auffallend großen Blüten ganz ungewöhnlich leuchteten. Mehrmals traten auch Regenbögen auf, auch am Tage der Geburt meines Sohnes.

Als der kleine Rinpoche so alt war, daß er krabbeln konnte, kam Kungo Palden unter einem Vorwand zu uns, und das Kind zeigte große Zuneigung zu ihm und seinem Begleiter Jamyang Tashi. Als er dann schon gehen konnte, kam er immer wieder zu mir in das Restaurant, das ich damals in Dalhousie leitete, steckte die Finger in die Milch und schleckte sie ab. Ich bat ihn, nicht immer Milch zu trinken, da das mit der Zeit teuer wird und ich nicht viel Geld hatte. Der Rinpoche antwortete, das mache nichts. Er habe in ‚Dharam‘ eigene Kühe und werde mir die Milch dann zurückgeben. Ich fragte, was er mit ‚Dharam‘ meine, und er sagte, es sei dort, wo Kungo Palden wohne (Dharamsala). In der Tat gehörte eine Kuhherde zu dem Labrang des Vorgängers.

Einmal zeigte der Leiter der Teppichmanufaktur unserem Kind Fotos von großen Meistern: Es zeigte auf ein Bild von Kyabje Trijang Rinpoche und sagte so nebenbei: ‚Das bin ich.‘ Und als wir einmal bei einem Mönch aus Ganden eingeladen waren, nahm der kleine Rinpoche eine Statue von dem Altar, setzte sie jedem von uns auf den Kopf und segnete uns. Dann zeigte er auf ein Bild des Klosters Ganden in Tibet vor seiner Zerstörung und sagte:

‚Das ist Ganden' und danach auf ein Bild des gänzlich zerstörten Klosters: ‚Und das ist Ganden jetzt.' Wir waren alle sehr überrascht, weil wir ihm noch nie Bilder von Ganden gezeigt hatten.

Eines Tages schickte uns Kungo Palden einen alten Teppich aus dem Labrang des verstorbenen Rinpoche zur Reparatur. Der Junge wollte um keinen Preis, daß ich den Teppich ausrollte, und sagte: ‚Das ist mein Teppich, bewahr ihn irgendwo auf, aber hier solltet ihr ihn nicht benutzen.' Der Lehrer Choedse Thubten trug ein Amulett um den Hals, in dem ein Zahn des früheren Trijang Rinpoche war, und fragte einmal unseren Sohn, was wohl darin sei. Der Junge zeigte auf seine eigenen Zähne. Viele solche Dinge ereigneten sich damals."

Die Begebenheiten, die in diesem Kapitel erzählt worden sind, passen nicht in unser Weltbild, obwohl in jedem einzelnen Fall viele Personen bezeugen können, daß sie so und nicht anders geschehen sind. Man könnte sie als Hirngespinste einer blühenden, durch Jahrhunderte trainierten religiösen Phantasie abtun. Aber wäre es nicht doch möglich, daß der Geist verwirklichter Meister Dinge vermag, die jenseits unserer Alltagsrealität und unseres Verstehens sind und scheinbar unumstößliche physikalische Gesetze durchbrechen?

IV. Die Ausbildung der Tulkus

1. Die Erziehung im Kindesalter

Nach ihrer Auffindung werden die jungen Tulkus sofort in ihren jeweiligen Klöstern feierlich inthronisiert, bleiben aber dann je nach Alter und familiären Umständen oft noch zu Hause und kommen erst mit sechs Jahren ständig in ihr Kloster. Es gibt dafür keine feste Regel.

Erst jetzt beginnt die eigentliche Erziehung der Tulkus. Bis etwa zum Alter von zehn Jahren lernt ein Tulku das, was wir in der Grundschule lernen. Lesen und Schreiben lernen hat eine umfassendere Bedeutung als bei uns, denn die religiöse Literatur ist in einer Sprache und in einer Schrift abgefaßt, die heute nicht mehr gebräuchlich sind. Sobald sie lesen können, fangen sie schon an, die großen Schriften, die sie später im einzelnen studieren werden, auswendig zu lernen. Das bedeutet, daß das Erinnerungsvermögen von klein auf so trainiert wird, daß ein Tulku sein Leben lang das gesamte und sehr umfangreiche philosophische Wissen jederzeit aus dem Gedächtnis abrufen kann, ohne die Texte im einzelnen nachlesen zu müssen. Daneben werden die Kinder in den Ritualen unterwiesen, die sie als Tulkus ausüben. Tulkus begreifen schneller, das haben uns alle Betreuer der Rinpoches, die wir fragen konnten, bestätigt. Allerdings haben sie teilweise Privatlehrer. Trotzdem, Dumme werden nicht klüger, auch wenn man sie privat unterrichtet.

Tulku Ngedon Rinpoche (Jahrgang 1971) schilderte uns, wie eine junge Reinkarnation geformt, erzogen und ausgebildet wird. Der Rinpoche ist ein Nyingma-Mönch im Kloster Namdroling in Südindien und zweifellos der modernste Tulku, den wir kennengelernt haben. Er wurde zusammen mit seinem Bruder Ajam Rinpoche in der Schweiz aufgefunden. Die beiden Brüder leben zusammen mit ihren Eltern im Kloster in einem eigenen Haus mit einer sehr angenehmen Atmosphäre. Tulku Ngedon befaßt sich hauptsächlich mit Computern – wir werden noch davon hören –, und sein Bruder ist der „Manager" des Klosters.

„Ich kam mit zwölf hierher, mein Bruder war 16. Wir waren beide ein Jahr vorher gefunden worden. Bis ich hierher kam, bin ich ganz normal in eine Schweizer Schule gegangen und hatte im Kloster anfangs erhebliche Schwierigkeiten, tibetisch zu sprechen. Mein Bruder, ich und ein anderer Tulku bekamen drei Lehrer. Wir waren 24 Stunden unter Kontrolle, es gab keine Möglichkeit, ohne sie zu sein. Wir waren drei Jahre lang zusammen in einem Zimmer, wenn man da raus geht, dann ist das etwa so, als wenn man von hier nach Amerika geht, tolle Ferien. Ich durfte nur einmal in der Woche drei Runden um den Tempel machen, selbst das war schon wie Urlaub. Aber ich hatte einen Hund. Wenn man so eine Erziehung noch nicht kennt, dann wird dafür gesorgt, daß man sie kennenlernt."

„Friß, Vogel, oder stirb!"
„Nicht gerade sterben, aber in dem alten System war es so, daß der Lehrer vollkommene Verfügungsgewalt über seinen Schüler hatte. Und es gibt in der Geschichte durchaus Beispiele, daß junge Tulkus – nun, daß sie diese Art Erziehung nicht überlebt haben. Der Lehrer hat die Macht und die Vollmacht, alles zu tun, was er für richtig hält, und das wird von niemandem in Frage gestellt."

„Gibt es so etwas wie neurotische oder verhaltensgestörte Tulkus durch diese Art der Erziehung?"
„Sie werden dadurch ein neuer Mensch. In Tibet hat so etwas etwa 15 Jahre gedauert. Am Ende sind Sie ein vollkommen anderer, vollkommen erzogener Tulku. Manchmal gibt es Tulkus, die diese Art Erziehung nicht bekommen oder wo sie irgendwie unterbrochen wird. Wir haben damit in vielen Klöstern ein grundlegendes Problem. Wir haben zwar einen Tulku, aber niemand weiß so recht, wie es weitergehen soll. Man kann heutzutage nie-

manden in dieses System hineinzwingen, ihn schlagen oder ihm für drei Tage nichts zu essen geben, nur weil er vielleicht einen bestimmten Text nicht auswendig lernen konnte. Das kann man natürlich nicht mehr akzeptieren. Aber der Lehrer weiß oft nicht mehr, was er machen soll. Er kennt nur die Methoden, wie sie früher üblich waren. Auch der Tulku weiß nicht, wie er sich in dieser neuen Zeit verhalten soll. Das gesamte Kloster weiß das nicht. Das Resultat ist, daß es da sehr seltsame Tulkus gibt, man weiß nicht, was da einmal herauskommt.

In dem alten System wußte man, von 100 Tulkus wurden 100 gut. Ein Tulku ist dazu bestimmt, sein Leben für alle Lebewesen zu opfern. Er hat kein eigenes Leben. Er lebt für die anderen. Und er stellt nie in Frage, ob das richtig oder falsch ist. Während einer solchen Erziehung wird seine Persönlichkeit auseinandergenommen und so wieder zusammengesetzt, wie sie eben bei einem Tulku sein soll. Dann ist er frei. Er kann sich auch wieder zurückverwandeln, wenn er will, niemand wird ihn davon abhalten. Oder er macht weiter, wie es seine Bestimmung ist. Aber die Chance, ein guter Tulku zu werden, ist sehr groß. Er hat gelernt, was er sein soll, wofür er leben soll. Es gibt keine Fragen mehr. Gehen die jungen Tulkus nicht durch diese Erziehung, dann bleiben die Fragen, sie werden nicht gelöst. Sie bekommen keine Antwort auf die Frage, warum sie ihr Leben in den Dienst aller Lebewesen stellen und ihre individuelle Freiheit, die Sie im Westen so hochschätzen, opfern sollen."

Die jungen Tulkus wachsen ziemlich isoliert auf. Sie haben auch als Kinder kaum Zeit zum Spielen, und wenn sie einmal in die Klosterdisziplin eingebunden sind, kaum noch Gelegenheit zu irgendwelchen Kontakten nach außen. Nur wenn ihre Vorgänger sehr berühmt im Westen waren und dort viele Zentren gegründet haben, reisen sie gelegentlich ins Ausland. In ihrem eigenen Labrang werden sie mit äußerster Sorgfalt behütet und erzogen und haben neben ihren eigentlichen Erziehern noch Diener, einen eigenen Koch und natürlich auch Privatlehrer. Das gilt allerdings nur für hochrangige Tulkus und später, während des Studiums, auch nur für die Rinpoches der Gelugpas.

„Es ist schon ein sehr großes Privileg", bestätigte Zong Rinpoche (Ganden), „eine bessere Erziehung zu bekommen, aber auch, daß ich zu Hause studieren kann. Das können bei den Gelugpas nur die Tsogchen Tulkus. Die Schüler meines Vorgängers, also hohe Lamas, Geshes und Äbte haben den Tsogchen-Titel für mich bei der Regierung beantragt, damit ich besser und in Ruhe studieren kann. Meine Vorgänger haben ihn nicht gehabt. Die Datsang Tulkus haben es nicht so gut. Sie brauchen zwar nicht in der Küche zu arbeiten und auch nicht auf den Feldern, aber sie müssen zweimal am Tag zu den Gebetsversammlungen aller Mönche gehen und dürfen nicht wie die gewöhnlichen Mönche zwei Stunden am Tag schlafen.

Außerdem habe ich einen eigenen Thron wie alle Tsogchen Tulkus hier in Ganden und Drepung, die Datsang Tulkus sitzen auf doppelten Matratzen. In Sera gibt es diese Unterschiede nicht mehr. Ich brauche auch nicht aus dem Kloster herausgehen, um außerhalb Pujas zu machen."

„Haben Sie Kontakt mit anderen Tulkus, tauschen Sie Erfahrungen aus?"

„Nein, ich habe überhaupt keinen Kontakt mit anderen Tulkus, keinen Austausch. Für manche Rinpoches kann das natürlich großen Druck bedeuten."

Bei den anderen Traditionen genießen die Tulkus während ihrer Ausbildung bis auf erhöhte Sitze keine besonderen Privilegien. Auch wenn sie inkarnierte Lamas sind und eigene Klöster haben, in die sie gewöhnlich nach ihrem Studium zurückkehren, studieren sie, wie Jangchub Nyima Rinpoche (Khunu Tulku) im Kloster Mindrolling, zusammen mit den anderen Mönchen. Der jetzt 21jährige Tulku ist in Dänemark geboren worden, sein Vater ist Tibeter und seine Mutter Dänin. Sein Vorgänger war der Khunu Lama Tenzin Gyatso, der ethnisch zu den nicht-tibetischen Bergstämmen in Himachal Pradesh gehörte und der Lehrer des Dalai Lama zu bestimmten Aspekten der Bodhisattvapraxis war. Der Lama war seinerseits Tulku einer anderen Linie gewesen, über die der junge Rinpoche jedoch keine Informationen hatte.

„Ich habe einen besseren Sitz", meinte er, „und einige andere Privilegien, und die Mönche behandeln mich anders, mit mehr Respekt. Aber das bedeutet für mich nicht, daß ich etwas Besseres bin, das hängt einfach mit ihrem Glauben zusammen. Ich habe keine Privatlehrer, keinen Labrang und auch kein eigenes Kloster. Das hier ist eine Universität und kein normales Kloster, aber gelegentlich muß ich trotzdem außerhalb Rituale machen."

Ähnlich ist es bei Dhongtsang Shabdrung Rinpoche, den wir in Bir im Dzongsar Institut trafen. Der 17jährige Sakyapa wußte von seinem Vorgänger, einem Bruder des 16. Karmapa, nur den Liniennamen, weil es, wie er sagte, niemanden mehr gab, der ihm etwas hätte erzählen können. Der Sakya Trizin hatte ihn mit sieben Jahren gefunden und kümmert sich auch um seine Ausbildung. Der Tulku genießt keine besonderen Vorrechte bis auf ein eigenes Zimmer und einen eigenen Diener. *„Den Klöstern hier gehören auch viele Felder: Müssen Sie oder die anderen Mönche auch Landarbeit machen?"* fragten wir den Tulku, weil wir früher schon Klagen von dem Leiter der tibetischen Siedlung in Bir gehört hatten, daß die Mönche nichts zu ihrem eigenen Lebensunterhalt beitragen. „Nein, das machen Inder. Nur die Gelug-Mönche in Südindien arbeiten selbst auf den Feldern."

Daß es gar nicht so einfach ist, einen kleinen Tulku, der im Ausland gefunden wurde, in ein traditionelles Kloster in Indien einzuschulen, schilderte Massimo Stordi: „Bevor Gomo Tulku nach Sera kam, war er mit seiner Mutter zehn Monate hier in Pomaia." Pomaia ist eine Gründung von Lama Zopa, der den Tulku gefunden hat. „Als wir ihm sagten, daß er nach Pomaia kommen soll, hat er sich erst geweigert. Warum, haben wir gefragt. Seine Antwort war, daß es dort kein Wasser gibt. Und damit war nicht das Mittelmeer gemeint, das wir ja von hier oben sehen können, es war etwas anderes. Wir haben eine Weile gebraucht, bis wir das verstanden haben. Ich habe schon früher gesagt, daß der Vorgänger des Rinpoche hier war, als es sehr kalt war, und es gab längere Zeit kein Wasser, weil die Wasserleitungen eingefroren waren. Niemand kann das dem kleinen Rinpoche erzählt haben.

Ich bin sein Chandsö, ich sorge für seinen Unterhalt. Das Geld kommt aus diesem Institut, dem ich vorstehe. Damit bin ich auch für die Erziehung des Rinpoche verantwortlich. Ich mußte erst einmal geeignete Lehrer für ihn finden, ich mußte seinen Tagesablauf festlegen. Am Anfang war das wirklich nicht leicht, denn es gab ja keinen Labrang vom Vorgänger, wie das sonst bei Reinkarnationen üblich ist, keine Betreuer, die schon im Haushalt des Vorgängers gewesen waren. Da kommt ein Tulku, der kein Tibetisch spricht und auch noch die Reinkarnation eines Laien ist – der Vorgänger hatte ja seine Mönchsgelübde zurückgegeben. Und der Chandsö ist ein italienischer Mönch. Es war wirklich schwierig.

Der Rinpoche hat jetzt insgesamt drei Lehrer. Es wäre natürlich grandios, wenn er auch mit westlicher Wissenschaft allmählich in Kontakt kommen könnte, aber man findet dafür an einem so entlegenen Ort wie Sera einfach keine Lehrer. Im Moment jedenfalls ist nicht daran zu denken. Dabei ist es durchaus so, daß man gerade für die Tulkus ein neues Erziehungssystem in unserer Zeit braucht."

„Sollte der Rinpoche nicht vielleicht im Westen erzogen werden?"

„Ich glaube nicht, daß das sehr gut wäre. Das ganze Umfeld hier im Westen ist nicht sehr günstig für einen so jungen Menschen, um seinen Geist wirklich grundlegend zu entwickeln.

Wenn man den ganzen Schatz des tibetischen Buddhismus heben will, dann muß man Schritt für Schritt vorgehen. Aber hier im Westen möchte man am liebsten so lernen, wie man ein Magazin liest. Man studiert dies und jenes, aber unsystematisch. Aber so geht das nicht. Man braucht viele Jahre, um den Geist zu trainieren, und muß auch die Beziehung zwischen Lehrer und Schüler kultivieren. Bei uns kommt es öfter vor, daß die westlichen Schüler sich gegen den Lama wenden. Sie verstehen einfach nicht, was eine Lehrer-Schüler-Beziehung im Buddhismus bedeutet. Sie ist die Basis des Dharma.

Viele möchten wirklich lernen. Aber warum? Um mehr Informationen zu bekommen oder um besser praktizieren zu können? Um eine bessere Person zu werden oder um größeres Wissen zu haben? Wenn Sie Wissen wollen, dann können Sie alle 300 Texte im Kanjur und Tanjur (den Sammlungen kanonischer Lehrschriften) lesen, aber das nützt Ihnen überhaupt nichts. Nur die Praxis kann Sie von Grund auf verändern: Ohne Praxis bleibt alles nur ein Stück Papier."

Der Tagesablauf der jungen Tulkus ist unglaublich rigide. Wollte man hier Kindern einen derartigen Stundenplan zumuten, dann gäbe das bei Eltern und Kindern einen entsetzten Aufschrei. Wir haben anfangs alle Tulkus nach ihrem Tagesablauf gefragt: Er war überall der gleiche. Die Lerninhalte sind natürlich bei den ganz jungen Tulkus verschieden von denen der etwas älteren Tulkus, die etwa mit 12–15 Jahren mit dem eigentlichen Philosophiestudium beginnen.

Für anderes bleibt da nicht viel Zeit, so der zehnjährige Gomo Rinpoche.
„Spielen Sie auch mal Fußball?"

Gomo Tulku, Kloster Sera Jhe

„Dafür habe ich normalerweise keine Zeit, hier im Kloster ist Fußballspielen auch verboten. Aber Dienstags haben alle im Kloster frei, das ist wie bei Ihnen Sonntag, da kann ich spielen."

„Haben Sie viele Freunde?"
„Oh ja, sicher, Hunderte."

„Können Sie mit jedem jungen Mönch zusammensein oder nur mit Tulkus, ich meine, gibt es besondere Regeln, die Ihnen vorschreiben, mit wem Sie als Tulku zusammensein können?"
„Nein, eigentlich nicht, aber als Tulku muß man sich besser benehmen, man muß ein Vorbild sein."

„Können Sie in den Ferien nach Hause fahren?"
„Ja, das habe ich schon gemacht."

„Wie fühlen Sie sich dort, ist das nicht eine sehr große Veränderung wie beispielsweise für uns, wenn wir hierher kommen?"
„Ich fühle mich dort etwas sauberer" (alle lachen).

„Haben Sie, wenn Sie mit Ihrer Familie zusammen sind, das Gefühl, lieber dort bleiben zu wollen?"
„Oh, ich bin glücklich hier, aber natürlich genauso, wenn ich mit Mama und Vater zusammen bin. Hier oder dort, es ist kein großer Unterschied."

„Vermissen Sie Ihre Mutter?"
„Nein, nicht sehr."

„Wirklich? Wer sorgt hier für Sie?"
Der Rinpoche zeigt auf seinen Erzieher (Sölpon).

„So, er ist der Vater jetzt?" „Ja"

„Und Sie mögen ihn sehr?" „Hm."

„Oder können Sie jetzt nicht darüber sprechen?" Alle lachen.

*Shiwalla Choktrul Tulku,
Kloster Sera Jhe*

Shiwalla Tulku (Sera), einer der ranghöchsten tibetischen Tulkus, ist einige Jahre älter. Seine Linie geht auf Shantideva, einen berühmten Dharmalehrer zurück, der um 800 lebte. Er wurde in der Schweiz 1980 von tibetischen Eltern geboren und bereits im Alter von sieben Monaten durch Koondhor Rinpoche gefunden, der aus dem gleichen Kloster wie sein in Tibet verstorbener Vorgänger stammte. Er blieb zunächst acht Jahre zu Hause, ist dann ganz normal bis zur zweiten Klasse in der Schweiz in die Schule gegangen und erst mit neun Jahren nach Sera gekommen:

„Damals hatte ich einen schweren Augenfehler, und die Ärzte hatten mir gesagt, ich werde blind werden. Aber dann habe ich für ein Jahr tibetische Medizin genommen und Pillen von hohen Lamas – nun brauche ich nicht einmal mehr eine Brille."

Shiwalla Tulku ist ein eher schüchterner junger Mann, der oft ganz plötzlich durchaus kindliche Züge zeigt. Auf einem Schreibtisch steht ein Computer, auf einem Wandbrett eine Schweizer

Spielzeugeisenbahn, und in einem angrenzenden Zimmer zeigte der Rinpoche uns sichtlich stolz ein Kalachakra-Mandala, wenn ich mich recht erinnere, das er aus „Playmobil" gebaut hat. Er lebt mit vier anderen Personen – zwei Betreuern, Diener, Koch – und einem Hund in einem hübschen kleinen Haus. Sein Haushalt wird von seinen Eltern in der Schweiz finanziert.

Das ist sein Tagesablauf: „Um 6.30 stehe ich auf und rezitiere für eine Stunde Mantras entsprechend den Einweihungen, die ich bekommen habe. Um 7.30 gibt es Frühstück. Dann gehe ich jeden Tag bis 10 Uhr mit allen Mönchen des Klosters zur Debattierklasse: Für Tulkus gibt es dafür in Sera keine speziellen Lehrer. Dann übe ich Tibetisch schreiben, danach ist eine halbe Stunde Ruhe und um 11.30 gibt es Mittagessen.

Von 12.00 bis 13.00 Uhr lerne ich mit meinem Lehrer Kommentare der philosophischen Schriften und anschließend für eine Stunde Englisch am Computer oder Deutsch. Dann dusche ich und wiederhole bis 17.00 Uhr die Texte vom Morgen. Bis 21.00 debattiere ich anschließend wieder mit allen Mönchen und rezitiere nach dem Abendessen nochmals, was ich tagsüber auswendig gelernt habe bis zur Schlafenszeit. Manchmal lese ich auch noch ein bißchen, am liebsten über Umweltprobleme. Dienstags ist in ganz Sera ein freier Tag."

Der Stundenplan von Trijang Rinpoche (Jahrgang 1982) in der Schweiz sieht ähnlich aus, mit einer Besonderheit – er malt und singt: „Ich bekomme auch Unterricht über das Aufbauen von Mandalas. Erst lernt man den Grundriß verschiedener Mandalas, man zeichnet ihn. Wenn man erst mal einen richtig gelernt hat, ist es ganz leicht, sie sind sich alle sehr ähnlich. Außerdem studiere ich rituelle Gesänge. Das Musische gehört eigentlich zur Ausbildung dazu, denn wenn andere Leute darüber etwas wissen wollen, sollte man schon Auskunft geben können. In Ganden gibt es viele Rituale mit spezifischen Melodien, die gesungen werden, die möchte ich auch lernen. Deshalb singe ich auch."

„Trijang Rinpoche hat eine sehr gute Stimme", wirft der Chandsö ein, „es gibt auch eine CD von seinem Kloster, auf der er mitgesungen hat."

„Haben Sie hier mehr Freiheit im Tagesablauf als in Ganden?"

„Es ist ein bißchen lockerer hier, entspannter, ich kann schon mehr tun, was ich selbst gern möchte."

„Fühlen Sie sich unter den westlichen Mönchen wohl?"

„Sicher, es ist nicht so viel anders als in Ganden. Außer der anderen Hautfarbe sehe ich eigentlich keinen Unterschied."

„Aber unser Verhalten ist doch vielleicht anders, wir sind im allgemeinen viel direkter als die Tibeter?"

„Das stimmt schon, aber ich finde, es ist ein guter Zug, Dinge nicht zu verbergen, sondern klipp und klar zu sagen, was man empfindet und warum. Das ist auch sehr gut, um Sorgen auszubügeln, die eine Person haben mag. Man kann dann viel besser helfen."

Die Tulkus, die wir interviewt haben, machten in keiner Weise den Eindruck, emotional verkümmert zu sein, gehemmt oder gar neurotisch. Alle sagten, daß sie ihre Eltern wenig oder gar nicht vermissen. Die Eltern können einmal im Jahr zu Besuch kommen, oder die Rinpoches fahren gelegentlich auch nach Hause. Nachdem wir gesehen haben, mit welcher Liebe die Betreuer über ihre jungen Rinpoches wachen, haben wir keinen Zweifel, daß sie im Kloster ein vollwertiges Zuhause haben. Natürlich wird man auch sehr junge Tulkus finden, die mit sechs Jahren in ihr Kloster gekommen sind und großes Heimweh haben – aber Internatszöglinge haben bei uns das gleiche Problem.

Der Respekt, mit dem junge Tulkus von ihrer Umgebung behandelt werden, ist für uns, die an andere Umgangsformen gewöhnt sind, erstaunlich. So, wenn tibetische Übersetzer einen Zipfel ihrer Robe beim Sprechen vor den Mund halten, um den Tulku nicht mit ihrem Atem zu verunreinigen. Ich mußte sie manchmal auffordern, doch lauter zu sprechen, weil sie in der Gegenwart eines ranghohen Tulkus, egal wie jung er war, fast nur flüsterten. Das Geschirr eines Tulkus darf nur er selbst benutzen, es wird separat abgewaschen. Das gleiche gilt für seine Wäsche. Vor ranghohen Tulkus vollführen Tibeter eine dreimalige Niederwerfung. Aber auch das scheint nach unseren Beobachtungen heute doch etwas lockerer gehandhabt zu werden, zumindest bei so unzeremoniellen Gelegenheiten, wie dies unsere Interviews waren. Tulkus werden immer, auch von ihren Angehörigen mit „Rinpoche" tituliert.

2. Das Philosophiestudium

1959 sind Tausende von Mönchen aus Tibet geflohen – es soll damals an die 500 000 in ganz Tibet gegeben haben. In Buxa, hoch im Nordosten Indiens, gab es zwischen 1959 und 1969 eine Art Auffanglager, in dem etwa 1500 Mönche und Lamas unter unvorstellbar schlechten hygienischen Verhältnissen lebten – und weiter studierten. Andere Möglichkeiten zum Studium gab es nicht. Im Lager grassierte vor allem die Tuberkulose – bis heute eine Geißel der Tibeter im Exil –, an der etwa 300 Mönche verstarben.

Erst in den 70er Jahren konnten die Tibeter damit beginnen, ihre Klöster wieder aufzubauen, nachdem die indische Regierung ihnen Land zugewiesen hatte. Meist lag es in schwer zugänglichen Dschungelgebieten, in denen oft nur eine Handvoll Mönche zunächst primitive Gebäude errichteten. Man kann sich heute kaum noch vorstellen, unter welchen Mühen, ohne Geld, Maschinen und Hilfskräfte die Klöster aufgebaut worden sind, und das unter den besonders für Tibeter belastenden klimatischen Verhältnissen, ohne einwandfreies Wasser, ohne ausreichend gesunde Ernährung und mit minimaler medizinischer Versorgung. Noch 1991 bei unserem ersten Besuch in Sera gab es dort lediglich einen großen, nicht abgedeckten Brunnen, in den in der Monsunzeit das Wasser des nahe gelegenen Flusses schwappte – mit entsprechenden Folgen. Inzwischen sind in den letzten zehn Jahren Tausende junger Mönche hinzugekommen, Flüchtlinge aus Tibet, für die Mönchstum und Studium nicht immer auch Berufung sind.

Aber die wirtschaftliche Situation ist heute dank umfangreicher Spenden aus dem Westen weitaus besser. Die neuen Klöster in Indien und Nepal entsprechen architektonisch meist den traditionellen Vorbildern in Tibet, nur daß sie geräumiger und heller sind. Die Großklöster der Gelugpas im Süden Indiens sind kleine Dörfer inmitten von Feldern, mit kleinen und größeren ein- bis zweistöckigen Häusern, Versammlungshallen und Tempeln. Jedes dieser Klöster hat mehrere Abteilungen mit einem eigenen Abt. Sie sind wieder in Unterabteilungen (Khamtsen) gegliedert, in denen jeweils 100–150 Mönche aus den verschiedenen Regionen Tibets zusammengefaßt werden, landsmannschaftliche Quartiere also, zwischen denen es manchmal auch heftigen Streit gibt.

In der Nähe der Mönchsuniversitäten der Gelugpas gibt es kleinere Klöster der anderen Traditionen, auch Nonnenklöster, die aber in ihrem Ausbau weit hinter den Mönchsklöstern hinterherhinken. Hier fließen die Gelder nicht so reichlich, auch sind der soziale Status und die Chancen der Nonnen, eine den Mönchen auch nur annähernd gleichwertige Ausbildung zu bekommen, sehr verbesserungswürdig. Die hierarchische Struktur der Klöster ist wohl größtenteils heute noch die gleiche wie in Tibet, nur entsprechend den geänderten Umständen vielleicht etwas demokratisiert. Lassen wir hier wieder Tulku Ngedon für die Nyingma-Tradition zu Wort kommen:

„Wir haben hier in Namdroling 2500 Mönche und besitzen soviel Land drumherum, daß wir das Kloster für 10000 Mönche ausbauen können. Es gibt insgesamt ungefähr 1500 Nyingma-Klöster, und die Zahl wächst ständig.

Als Seine Heiligkeit Pema Norbu Rinpoche von den höchsten Lamas der Nyingma-Tradition zum Oberhaupt gewählt wurde, sagte er: ‚Wir müssen das besser koordinieren, es sind jetzt andere Zeiten. Überall wollen sie neue Klöster und Meditationszentren. Wir müssen ihre Situation prüfen, Lehrer hinschicken und den Leuten in der Gegend sagen, geht in dieses bestimmte Kloster, dort könnt Ihr Belehrungen bekommen.‘ Wir haben allmählich begonnen, Informationen über alle Klöster zu sammeln, ihnen Briefe geschickt. Es war sehr mühsam, das aus dem Nichts aufzubauen. Aber nun haben wir die genauen Daten von 450 Klöstern im Computer und halten regelmäßigen Kontakt.

Mein Bruder ist der Manager dieser zentralen Organisation. Penor Rinpoche, das Oberhaupt unserer Schule, sagte uns, es

111

müsse Ordnung in dieses Durcheinander gebracht werden – er hat dieses Kloster gegründet, er ist der Abt, ihm gehört das Kloster. Zur Zeit haben wir 150 Studenten, jedes Jahr kommen 35 neue dazu, die eine Eingangsprüfung machen müssen. Je ein Drittel kommt aus Indien, Nepal und Bhutan. Wir haben hier etwa 50 Tulkus, junge und alte. Finanziert werden wir von Meditationszentren in aller Welt.

Dieses Kloster hat drei Abteilungen: das eigentliche Kloster, das Institut und das Meditationszentrum. Im Kloster lernen die jungen Mönche lesen, schreiben und rechnen, wie man Pujas macht und so etwas, aber niemand sagt ihnen die eigentliche Bedeutung der Rituale. Das dauert neun Jahre. Natürlich gibt es auch Mönche, die einfach von ihren Eltern hierher geschickt worden sind. Sie wollten eigentlich nicht Mönch werden. Sie kennen nur Auswendiggelerntes, aber sie wissen nicht, was Mönchsein bedeutet, auch wenn es ihnen irgendwann im Kloster ganz gut gefällt.

Dann kommt man in das ‚Ngagyur Nyingma Institute for Higher Education‘ für wiederum neun Jahre. Dort lernt man jetzt das ganze komplexe philosophische System zunächst der Nyingma-Tradition, dann auch der anderen Traditionen, die Unterschiede zwischen den verschiedenen Schulen und wie sich das alles zu einem Bild zusammenfügt, das wir ‚Buddhismus‘ nennen. Man debattiert darüber und lernt die Aussagen der Texte, aber es bleibt alles theoretisch, ohne Zugang zur Praxis. Da fällt es manchen Mönchen schwer, bei der Stange zu bleiben.

Wer selbst ein Lehrer werden will, muß in den folgenden drei Jahren eine Arbeit schreiben, mit der er zeigt, daß er die tiefere Bedeutung des Buddhismus versteht. Das Thema kann er selbst wählen. Danach ist er ein ‚Khenpo‘. Bei uns gibt es im Moment 26 Khenpos – in Sera haben sie nur einen Khenpo, und das ist der Abt. Der Titel entspricht dem höchsten Geshe-Grad bei den Gelugpas und etwa einem Doktortitel bei Ihnen im Westen. Selbst in der Verwaltung in Dharamsala wußten sie nicht, was ein Khenpo bei uns ist. Sie fragten an, wieviel Khenpos wir hätten, und waren überrascht, als sie hörten, wir haben 26. Sie fragten, wieso das so sei, und dachten wohl, unser Kloster habe eine Art Altersheim für Ex-Äbte.

Erst nach diesem langen theoretischen Studium ist ein Khenpo reif genug, um über die Bedeutung des Gelernten meditieren zu können. Die Grundlagen dafür bekommt er in unserem Meditationszentrum, das Platz für 19 Leute hat, die während der ganzen Zeit nicht herauskommen: Das dauert drei Jahre, drei Monate und drei Tage. Wir nennen das ‚Tsasum'. Es ist wirklich eine einmalige Chance – jede der sechs Nyingma-Traditionen hat ihre eigene Meditationstechnik, die alle hier gelehrt werden. Erst danach kann man die höchsten Belehrungen empfangen. Das dauert nochmals ein bis zwei Jahre, dann ist man ein tantrischer Meister (Vajra Acharya)."

„Wie wird Ihr Kloster verwaltet?"

„Wir wissen sehr wohl, daß sich die Zeiten geändert haben, und versuchen auch, uns anzupassen. Dieses Kloster wird von zwei Khenpos geführt. Einer ist für die Leitung des Klosters zuständig, der andere für das Institut. Heute ist die alte Hierarchie, in der die Tulkus vor den Khenpos rangierten, völlig verändert, Khenpos und Tulkus werden je nach ihren Fähigkeiten eingesetzt. Das wäre in Tibet überhaupt nicht vorstellbar gewesen. Aber bei uns wird immer die Reinkarnation des Pema Norbu der Abt sein, das wird von niemandem in Frage gestellt, auch wenn es im Kloster einen anderen Tulku gäbe, der vielleicht ein Supermann ist."

Namdroling ist eines der größten Klöster, die wir in Indien gesehen haben. Es liegt in Sichtweite des Klosters Sera in Bylakuppe, fast verborgen hinter hohen Mauern und absolut ohne dessen dörflichen Charakter. Die ganze Anlage ist von einem einzigen Mönchsarchitekten visionär entworfen und gestaltet worden. Zum Zeitpunkt unseres Besuches wurde ein drei Stockwerke hoher Stupa von Handwerkern aus Tibet gebaut und von 20 bhutanesischen Malern ausgestaltet. Die Kosten trägt eine Frau aus dem Westen, die mit tibetischen Antiquitäten handelt. Der Rinpoche zeigte uns auch drei riesige hölzerne Statuen für den Stupa, die eben mit Bronze ummantelt wurden und später feuervergoldet werden: Pro Statue sind dafür 20 kg Gold erforderlich. Die Arbeiten leitet der beste Kunstschmied aus Tibet, der nach langen Verhandlungen mit den chinesischen Behörden ein Ausreisevisum bekommen hat: ein alter Mann, der bescheiden neben den Skulpturen am Boden saß und seine Gebetsmühle drehte.

Mit etwa zwölf Jahren beginnen die Tulkus mit dem Grundstudium der Philosophie, dessen Länge in den einzelnen Klosteruniversitäten unterschiedlich ist, ebenso wie die des eigentlichen Philosophiestudiums.

Die Tulkus und die anderen jungen Mönche werden in die ethische und monastische Disziplin und in die Grundlagen der Debatte eingeführt und bekommen den begrifflichen Rahmen für die gesamte buddhistische Philosophie. Dazu lernen sie bestimmte Klostertexte – kommentierte Zusammenfassungen der Originaltexte – auswendig, die in jedem Kloster und auch in den verschiedenen Abteilungen eines Großklosters unterschiedlich sind und dort jeweils als absolut verbindlich gelten. Die Essenz der Lehre sei natürlich überall gleich, versicherten uns die Lamas, aber die auslegenden Kommentare seien doch sehr voneinander verschieden. Die Bedeutung des Gelernten erfahren die Studenten erst später – Tulku Ngedon hat das schon präzisiert.

In diesem Stadium seines Studiums ist jetzt der 12jährige Thugsey Rinpoche in Darjeeling, wie uns der Generalsekretär seines Klosters berichtete:

„Thugsey Rinpoche hat jetzt seine ganze Erziehung in den Ritualen beendet und fängt in diesem Jahr sein Philosophiestudium an. Er ist wirklich sehr, sehr gut. Wenn er 19 oder 20 Jahre alt ist, dann wird er kaum noch Zeit zum Studieren haben. Wie ein kleiner Vogel, der flügge geworden ist, muß er dann alle Verpflichtungen, die seine hohe Stellung mit sich bringt, auf sich nehmen – reisen und lehren, Rituale und Zeremonien abhalten. Das ist bei den Kagyüpas und den Nyingmapas viel wichtiger als bei den Gelugpas. Unsere Rinpoches müssen mehr Verantwortung übernehmen in dieser Hinsicht, sie werden auch von den Leuten viel mehr respektiert, denn Lamas segnen Neugeborene – der erste Besuch des gerade auf die Welt gekommenen Kindes ist ein Kloster. Ehe und Geschäfte werden mit den Lamas besprochen, die Mo machen und Gebete sprechen. Lamas helfen in allen Lebenslagen.

114

Bei den Gelugpas sind im allgemeinen die Geshes, die studierten Mönche, wichtiger als die Tulkus oder anders gesagt: Es ist wichtiger, ob jemand das ganze Wissen hat, und wenig bedeutend, ob jemand sich immer wieder als Tulku reinkarniert. Sie vertreten die intellektuelle Linie im Gegensatz zu den Drukpas – man nennt uns die praktische Linie. Wir legen mehr Wert auf die Praxis der Meditation als auf die Theorie.

Wir können sieben oder auch neun Jahre Philosophie studieren, wenn wir wollen, oder nur drei Jahre, denn das ist wirklich genug, um ein Grundwissen zu erwerben. Nach Abschluß des Studiums bekommen die Studenten den Titel Khenpo. Wir haben jetzt 46 Studenten und als Dozenten drei Khenpos. Von den 46 erreichen etwa fünf bis sieben den Khenpo-Titel. Danach geht man in die Praxis der tantrischen Meditation. Erst lernt man für zwei oder drei Jahre die Grundlagen der verschiedenen Techniken, und dann kommt die eigentliche Praxis. Dafür gibt es natürlich kein Zeitlimit, das wird lebensbegleitend. Der Mönch betet täglich: Möge mein Leben meiner Praxis gleichkommen."

Die Gelugpas haben von allen Traditionen das längste Studium – es dauert über 20 Jahre, in denen 15 Klassen durchlaufen werden: Unsere Informationen stammen von Geshe Ugyen Khensur Rinpoche – Khensur bedeutet ehemaliger Abt und der Titel Rinpoche ist in diesem Fall ein Zeichen des Respektes –, einem als tantrischen Meister hoch geachteten Lehrer im Kloster Sera Jhe. Er kam in der Vergangenheit trotz seines hohen Alters oft nach Hamburg, wo wir ihn interviewten:

„Rinpoche-la, wie ist das Kloster Sera organisiert?"

„Sera besteht aus zwei Klöstern: Jhe und Mhe mit über 4500 Mönchen. Es gibt da den Khenpo oder Abt, den Gekö, das ist der Disziplinar, und den Chandsö, den Finanzmanager. Die drei bilden das jeweils oberste Gremium jedes der beiden Klöster. Ein anderes Gremium mit administrativen Aufgaben setzt sich aus den vier einflußreichsten Persönlichkeiten beider Klöster zusammen. Sie repräsentieren den Tsogchen, die Gesamtversammlung aller Mönche. Die Wahl des jeweiligen Abtes erfolgt demokratisch: Es wird immer der fähigste Mönch gewählt, der anders als in früheren Zeiten kein Tulku sein muß."

„Wie sieht das Studium in Sera im einzelnen aus?"

„Das Grundstudium dauert fünf Jahre, in denen die Mönche in die Grundlagen des folgenden Hauptstudiums eingeführt werden. Das umfaßt die fünf Wissensgebiete, die unter dem Begriff „Tshänyi" zusammengefaßt werden.

Das Studium der allgemeinen buddhistischen Lehre (Prajnaparamita) dauert ebenfalls fünf Jahre. Daran schließt sich für vier Jahre das Studium der Madhyamaka-Philosophie an. Dann werden weitere vier Jahre die Phänomenologie des Geistes, die Kosmologie und Metaphysik (Abhidharma) gelernt und danach für vier Jahre die klösterliche Disziplin (Vinaya). Parallel dazu lernen die Mönche die logische Erkenntnistheorie (Pramana). Wenn noch genügend Zeit verbleibt, dann kann man auch Musik, Malerei, Tanz und Poesie studieren, aber immer nur im Rahmen des Rituellen, also Thangka-Malerei, rituelle Tänze und Musik."

„Lernen die Studenten auch etwas über andere Religionen und über die Unterschiede der verschiedenen tibetischen Traditionen?"

„Die indischen Religionssysteme spielen eine große Rolle. Es werden zunächst immer die nicht-buddhistischen Standpunkte gelernt, die ganze Palette der indischen Philosophie. Westliche Religionen kommen nur am Rande vor, sie werden lediglich in der Novizenschule des Klosters erwähnt. Auch die Ansichten der verschiedenen Traditionen gehören nicht zum Studienplan. Man lernt Buddhismus, aber im Rahmen der eigenen Schule."

„Können Gelugpas auch außerhalb der drei Klosteruniversitäten den gleichen Studiengang absolvieren?"

„In Tibet ja, in Amdo im Tschamdo-Kloster ist das heute wieder möglich, ebenso in einem Kloster in Kham, aber nicht mehr in den alten drei Klosteruniversitäten bei Lhasa. In Indien geht das nur hier in Südindien."

„Wie viele Mönche schließen ihr Studium mit einem Titel ab?"

„Wir haben verschiedene Grade des Geshe-Titels. Geshe heißt eigentlich übersetzt ‚tugendhafter Freund'. Der Titel wird nur bei den Gelugpas verliehen, man sagt auch ‚Kadam-Geshe', er kommt aus der Kadam-Tradition. Eine entsprechende Prüfung machen etwa 10% aller Mönche, nicht alle mit Erfolg. Es gibt vier Ränge, deren Erwerb die Berechtigung zu bestimmten weiteren Studien gibt: Für einen Geshe mit dem untersten Rang ist das Studium beendet. Der höchste Titel Geshe Lharampa wird an den besten von jeweils zwei oder drei Kandidaten verliehen, die vor einer Versammlung aus allen drei Mönchsuniversitäten geprüft werden."

Die Tulkus fangen etwa mit 15 oder 16 Jahren an, das Gelernte zu debattieren. Die Debatte hat besonders bei den Gelugpas und den Sakyapas eine lange Tradition. Sie findet zweimal täglich im Freien auf den großen Klösterhöfen statt, begleitet von weit ausholenden, festgelegten Gesten. Jedes Nicht-Wissen wird dabei erbarmungslos vorgeführt. Das motiviert nicht nur, besser zu lernen, sondern formt über viele Jahre hinweg den Charakter und verhindert das Aufkommen von Überheblichkeit und Stolz auf die eigene Leistung. Denn irgendwann erwischt es jeden. Und am Ende weiß der fertige Lama auf fast jede Frage eine Antwort – nicht nur das, sondern er weiß, daß er sie weiß, und kann vor Hunderten von Menschen frei sprechen.

Die Debatte wird als Teil der analytischen Meditation angesehen, die eher ein Nach-Denken ist im Gegensatz zur konzentrativen oder stabilisierenden Meditation, die später auf dem Tantrakolleg geübt wird. Der Dalai Lama hat des öfteren klargestellt, daß Meditation nicht wirksam möglich ist, ohne alle Aspekte der buddhistischen Geistesschulung zu kennen. Wer mit ihnen nicht völlig vertraut sei, könne nicht mehr als ein Teilresultat erzielen. Und was uns Thamthog Tulku in Mailand sagte, nämlich: „Meditation ist nicht, schweigend im Lotussitz zu sitzen und sich zu konzentrieren. Konzentration ist nicht Meditation, wir finden dabei gar nichts. Wir müssen analytisch meditieren, das kann man aber nicht, bevor man nicht die ganze Lehre kennt", wird vielen westlichen Buddhisten und Anhängern indischer Lehrer über-

Tsenshap Serkong Rinpoche, Kloster Ganden Jangtse

haupt nicht gefallen, denn im Westen gilt schließlich das „Meditieren" als die wichtigste spirituelle Übung.

Ähnliches gilt für Atemtechniken, die bei uns ebenfalls sehr beliebt sind und sicher genauso wie das Meditieren einen guten nervenberuhigenden Effekt haben. Tsenshap Serkong Rinpoche (Ganden) meinte dazu:

„Atemtechniken werden bei uns Gelugpas geheim gehalten, man lernt sie erst nach den tantrischen Studien. In den Schneebergen im Himalaja gibt es aber Yogis, die so etwas machen, auch hier in Ganden."

Dieses ungemein langwierige traditionelle Studium ist – und das ist ein ganz wesentlicher Punkt – vollkommen in das Klosterleben eingebettet. Die Mönche – nicht immer auch die Tulkus – wohnen, essen, lernen und beten zusammen. Sie bekommen allmählich einen Begriff davon, was es heißt, ein Mönch zu sein, wozu sie da sind, wofür sie studieren. Ihr Geist wird nicht nur geschult, sondern auch in dem gemeinsamen Leben und Debattieren um und um gewendet, bis hin zu einer Reife, die nicht mehr nur rein intellektuell ist, sondern aus der gemeinsam gelebten und erlebten monastischen Ethik und Disziplin ihre fortdauernde Motivation erfährt.

3. Das Studium der Tantras

Der buddhistische Tantrismus geht auf Buddha Shakyamuni zurück und hat wahrscheinlich Elemente aus vorvedischer Zeit aufgenommen. Heute sind über 2000 indisch-buddhistische tantrische Texte bekannt, die sich nicht so sehr in der Lehre, sondern in Details der Methoden und Techniken, der Ikonographie der Götter und deren Platz in den Mandalas unterscheiden. Sie werden in vier verschiedene Klassen aufgeteilt; bei den Nyingmapas sind es sechs. Das Kalachakra-Tantra ist das jüngste, das zwischen dem 9. und 10. Jahrhundert aufgetreten ist. Es soll in Shambhala bewahrt worden sein, ähnlich wie nach traditioneller Ansicht die Sutren des Mahayana in den Tiefen des Ozeans von den Nagas, den Wassergeistern, gehütet und von ihnen an Nagarjuna (1.–2. Jh.) übergeben wurden. Das Kalachakra gehört zum Höchsten Yoga-Tantra (Anuttarayoga-Tantra) oder Gottheiten-Yoga: Nur mit dem Anuttarayoga-Tantra kann man noch in diesem Leben – oder im anschließenden Bardo des Todes (der Zwischenzustand zwischen Tod und Wiedergeburt) – die Erleuchtung erlangen, ein Ziel, das zu erreichen nur wenigen vergönnt ist.

Im Tantra spricht man von „Methode und Weisheit", die eine Einheit bilden, während auf dem Sutrapfad Weisheit aus Methode erwächst. Die wichtigste „Methode" ist die Erweckung des altruistischen Erleuchtungsgeistes (Bodhicitta), das ist, wie schon früher erwähnt, das Streben nach der Allwissenheit eines Erleuchteten, um damit allen Lebewesen helfen zu können. Dadurch erreicht man den Formkörper (Rupakaya) eines Buddha. Weisheit ist die Einsicht in die abhängige Existenz aller Phänomene, durch die man den Wahrheitskörper (Dharmakaya) eines Buddha verwirklicht. Er repräsentiert den universalen Aspekt der Erleuchtung und wird durch den Urbuddha (oder Adibuddha) Vajradhara (Dorje Chang) personifiziert, der als die Quelle aller tantrischen Lehren angesehen wird.

Man unterscheidet dabei eine Erzeugungs- und eine Vollendungsstufe: Erstere erreicht der Meditierende mit tantrischen Übungen, in denen er sich selbst als eine dem jeweiligen Tantra entsprechende Gottheit – die tausend Formen innerhalb eines einzigen Mandalas annehmen kann! – in allen ikonographischen Details visualisiert, ein schwieriges Unterfangen, wie wir noch hören werden. Im nächsten Schritt visualisiert er sich als tantrische Gottheit außerhalb seines eigenen Körpers, die er schließlich in die Leerheit auflöst: Es ist wichtig, das Geschaute als eine Projektion der schöpferischen Tätigkeit des eigenen Geistes zu erkennen und alle Gestaltungen wieder aufzulösen. Tut man das nicht, bleibt man „ver-rückt" im wahrsten Sinne des Wortes.

In den Gottheiten-Yogas richtet man zur Erzeugung der Vollendungsstufe das Bewußtsein auf den subtilen Körper. Das ist eine Art unsichtbarer Doppelkörper, in dessen „Kanälen" Energieströme zirkulieren, die als „Winde" bezeichnet werden. Sie sind untrennbar mit dem Bewußtsein (Geist) verbunden. Der Meditierende kann sich auf den „äußerst subtilen Wind" und den „äußerst subtilen Geist" zur Verwirklichung eines Buddhakörpers konzentrieren oder nur auf den äußerst subtilen Geist wie im Kalachakra, im Mahamudra und im Dzogchen.

Dabei wird das Fließen der Winde in den Kanälen in einer bestimmten Weise verändert. Die subtilen Windenergien werden benutzt, um einen „illusorischen Körper" zu schaffen, eine Simulation der drei Körper eines Buddhas. Weil das Bewußtsein mit den Winden verbunden ist, verändert man dadurch auch seine Bewußtseinsebene und erzeugt das „äußerst subtile Weisheitsbewußtsein", das auf die Erkenntnis der endgültigen Wahrheit, der Leerheit gerichtet wird. Dabei werden geistige Energien freigesetzt, die der Praktizierende für immer subtilere Imaginationen nutzt, um die direkte Erfahrung der Leerheit zu erreichen.

Das Tantra spricht hier vom „Bewußtsein des Klaren Lichtes", das gewöhnlich schlafend oder latent im Körper vorhanden ist und zur Zeit des Todes erscheint. Der Meditierende versucht also, mit Yogapraktiken den Sterbeprozeß zu simulieren, um das

„Klare Licht des Todes" zu erwecken. Wenn es ihm gelingt, das äußerst subtile Bewußtsein mit dem illusorischen Körper zu verbinden, kann der physische Körper in den Sambhogakaya, den geisthaften Lichtkörper eines Buddha, umgewandelt werden, und es wird der Zustand des „Nirvana ohne Überreste" erreicht.

Wer diese Praxis zeitlebens geübt hat, kann zum Zeitpunkt seines natürlichen Todes – aber wie der Vorgänger von Thomthok Tulku auch vorher, um seinem Leben willentlich ein Ende zu setzen – einen sogenannten illusorischen Regenbogenkörper erschaffen. Er wird ein Buddha und kann gehen, wohin er will. Es gibt viele Geschichten von großen Yogis, bei denen sich der Körper im Augenblick des Todes in einen Regenbogenkörper transformierte und verschwand. Es bleiben dann nur Haare und Nägel übrig. Dilgo Khyentse hat einmal von einem einfachen Mönch seines Haushaltes berichtet, dem dies geschah. Erst dann begriff seine Umgebung, daß er ein Verwirklichter gewesen war.

Von weit fortgeschrittenen Tantrikern, den wahren Yogis, heißt es, daß sie durch feste Gegenstände hindurchsehen, durch Wände gehen und andere Siddhi-Eigenschaften wie Hellsichtigkeit und Hellhörigkeit gewinnen können – außerdem sind sie fähig, Gedanken zu lesen und sich an die eigenen Vorexistenzen und die anderer zu erinnern. Es gibt dafür viele Beispiele in den Biographien auch zeitgenössischer Tulkus. In diesem Stadium seiner spirituellen Entwicklung kann ein Tantriker auch Krankheiten oder Gefährdungen anderer Menschen auf sich nehmen, sogar um den Preis seines Lebens.

Aber lassen wir Geshe Ugyen (Sera) sprechen, der früher selbst Abt eines tantrischen Klosters gewesen ist: „Früher mußten alle Lharampa Geshes auf einem Tantra-Kolleg weiterstudieren. Die anderen Geshes durften es, wenn sie es wünschten, es war für sie nicht ausgeschlossen. Heute wird das ähnlich gehandhabt. Wir haben in unserer Tradition zwei tantrische Klöster, eines in Arachnal Pradesh in Nordost-Indien, es heißt Gyütö und wurde früher als ,oberes' Tantra-Kloster bezeichnet. Das andere ist nicht weit weg vom Kloster Sera und heißt Gyüme, das ist das ,untere' Tantra-Kloster.

Im ersten Jahr lernt man die Disziplin, das wird sehr genau genommen. Dann lernt man weitere vier Jahre das tantrische Meditieren und schließt das Studium mit dem Titel eines Lama Gyüpa ab. Auf einer ersten Stufe, der Vorbereitungs- oder Erzeugungsstufe, studieren die Mönche nur besondere Rituale und ähnliches. Zur folgenden Vollendungsstufe gehören auch Techniken, die mit der Kontrolle des subtilen Körpers arbeiten. Heute werden viele Geshes gefragt, ob sie nicht in den Westen kommen können. Dann wird möglicherweise das Studium auf minimal zwei Jahre verkürzt, das reicht aber nach meiner Meinung in gar keiner Weise aus."

„Was ist der Inhalt der tantrischen Meditation?"
„Man lernt alle vier Tantraklassen theoretisch. Praktisch wird vor allem das Anuttarayoga-Tantra geübt. Bei den Gelugpas sind es vor allem drei Gottheiten, die zusammen praktiziert werden sollten: Guhyasamaja, Yamantaka und Cakrasamvara. Das Kalachakra-Tantra wird bei uns nicht gelehrt, darauf ist das Namgyal-Kloster in Dharamsala spezialisiert: Es gibt nur wenige Personen, die alle Regeln und Rituale dieses Tantras beherrschen."

„Ich habe gehört, daß man nach Absolvierung der Vollendungsstufe über sogenannte Siddhi-Eigenschaften verfügt. Können Sie darüber etwas sagen?" (Der Geshe lacht amüsiert.)
„Im allgemeinen kann man darüber etwas lernen, aber sie zu erlangen, das ist noch eine ganz andere Geschichte. Natürlich gibt es Lamas, die so etwas können, wie durch feste Wände oder Felsen durchgehen und ähnliches. Die höchste Siddhi-Eigenschaft ist die Buddhaschaft. Siddhi-Eigenschaften sind nichts speziell Buddhistisches, im Buddhismus werden sie eher in ihrer Bedeutung geringgeschätzt: Das Wesentliche ist, den Pfad der geistigen Verwirklichung zu Ende zu gehen. Jedenfalls lernt man etwas darüber, ob das reicht, ist eine andere Frage."

Daß die tantrische Meditation eine lange Vorbereitung voraussetzt und engsten Kontakt mit einem Guru, ist selbstverständlich, ebenso, daß die Rituale eine Einweihung erfordern und geheimgehalten werden, um Mißbrauch zu verhindern. Die langen Meditationsperioden zielen auf eine vollkommene Umformung der gesamten Persönlichkeit ab, und man kann sich lebhaft vorstellen, daß eine Meditation in völliger Abgeschlossenheit über drei Jahre hinweg, wie sie in allen Traditionen praktiziert wird, in der Tat einen neuen Menschen hervorbringen wird.

Jeder der vier Traditionen hat spezifische Tantras: „Bei uns", sagte S. E. Ngor Luding Khenpo (Dehra Dun), „ist das wichtigste Tantra Lam Drä, was soviel heißt wie ‚der Pfad und seine Früchte' oder ‚Pfad und Ergebnis'. Es gehört zum Hevajra Tantra, einem Gottheiten-Yoga, das es nur in unserer Tradition gibt. Der Meditierende übt sich in der Betrachtung, daß im Hinblick auf das allem zugrundeliegende Ursprungskontinuum Samsara und Nirvana ohne Unterschied sind. Aber wir haben natürlich noch viele andere Tantras." Ngor Luding Khenpo ist der Abt des Sakya-Klosters Ngor E-Wam Centre in Mandulawa/Dehra Dun mit 200 Mönchen, darunter acht Tulkus. Er empfing uns spät abends in seiner Studierstube, einem Raum mit der friedvollen Atmosphäre eines kleinen Tempels. Der mittelgroße, schlanke Mann Anfang Fünfzig mit dem Gesicht eines Aristokraten und der gelassenen, ungemein freundlichen Ausstrahlung eines Gelehrten ist das Oberhaupt des Luding-Zweiges der Ngor-Schule. Deren Thronhalter sind keine Tulkus, und als Nachfolger wird immer ein Neffe oder ein anderer enger Verwandter eingesetzt.

Do Drupchen Rinpoche (Gangtok) sprach für seine Tradition: „Die Tantras, die wir Nyingmapas benutzen, sind die sogenannten ‚Alten Übersetzungen'. Andere, jüngere Traditionen benutzen andere Übersetzungen. Es gibt große Unterschiede zwischen den tantrischen Lehren, sowohl in ihrer Essenz wie in den Techniken, die angewendet werden. Ich kann das jetzt natürlich nicht ausführlich erklären. Aber kurz gesagt: Der Buddha hat den Dharma zum Wohle aller Lebewesen gelehrt, und zwar je nach ihrer Auffassungsgabe und ihren Bedürfnissen auf verschiedenen Ebenen, entsprechend einer Einteilung der Schüler in vier Klassen. Das gilt natürlich auch für die tantrischen Lehren."

„Soweit ich weiß, visualisiert der Schüler die tantrische Gottheit innerhalb seines Körpers. Er vereinigt sich mit ihr. Dann visualisiert er sie auch außerhalb seines Körpers. Sieht er dann die Gottheit sozusagen vor seinem inneren Auge, oder materialisiert er sie tatsächlich außerhalb von sich selbst, und zwar so, daß auch andere Personen sie direkt sehen können?"

„Wenn Sie eine Gottheit außerhalb von sich visualisieren, dann können auch andere Personen sie sehen, wenn auch nicht in jedem Fall. Was immer wir um uns herum sehen, ist nicht die letzte Realität, es ist von unserem Geist geschaffen worden. Aber es ist so, daß während einer tiefen Meditation über bestimmte Objekte diese sich außerhalb von uns materialisieren können, daß sie also auch für andere sichtbar werden."

Ich kam zu dieser Frage, weil der Betreuer von Ling Rinpoche uns erzählt hatte, daß früher, wenn der Kleine zu frech wurde, er ihm

Kyabje Ling Choktrul Rinpoche, Kloster Drepung Loseling

gern einen Klaps auf sein Hinterteil gegeben hatte. Als er dies wieder einmal tat, erschrak er plötzlich: Vor seinen Augen hatte sich der kleine Tulku in Yamantaka verwandelt. Dazu muß man wissen, daß Yamantaka die Meditationsgottheit, der Yidam, seines Vorgängers gewesen war, mit welcher ein fortgeschrittener Praktizierender letztlich verschmilzt – er „ist" dann Yamantaka.

„Bei den Nyingmapas werden verschiedene Tantras gelehrt", ergänzte Khenchen Rinpoche (Mindrolling), „aber Dzogchen ist bei uns das wesentliche Tantra. Die einzelnen Nyingma-Schulen benutzen alle verschiedene Texte als Grundlage. Da gibt es gewisse Unterschiede vor allem in den Techniken. Die Essenz ist natürlich die gleiche: Es geht im Dzogchen darum, die ursprüngliche Reinheit des Geistes, die durch Verunreinigungen (Kleshas) verdeckt ist, offenzulegen. Das Wesen des Geistes ist von Natur aus rein und spontan. Dzogchen ist der Zustand absoluter Leerheit, die ohne Anfang und ohne Ende ist."

Goshir Gyaltsab Rinpoche (Rumtek) sah das für die Kagyüpas etwas anders und meinte, daß es doch sehr grundlegende Unterschiede zwischen den Tantras der Kagyüpas und denen anderer Traditionen gebe. Die Namen seien vielleicht die gleichen, aber die Auslegung der Lehren könne sehr verschieden sein.

Und Mingyur Rinpoche differenzierte diese Aussage für die gleiche Tradition: „Wir lernen Naropa Chupa, das sind die Sechs Yogas von Naropa, dann Mahamudra und besonders das Tantra von Vajrayogini, ein spezielles Meditationssystem nur unserer Tradition. Dieses Tantra ist unsere wichtigste Praxis. Das Mahamudra (Großes Siegel) enthält viele Lehren: Einige davon sind für alle offen, andere aber auch geheim und gehören zum Vajrayana."

„Was hat Mahamudra mit Dzogchen zu tun – manche sagen, Dzogchen sei die Grundlage?"
„Ja, ja, das sagen die Dzogchen-Meister. Gut, die Essenz ist die gleiche."

Mingyur Rinpoche,
Kloster Sherabling

„*Welchen Unterschied gibt es zwischen dem Mahamudra und den Lehren Tsongkhapas?*"

„Einige Menschen lernen schnell, einige langsamer. Dzogchen und Mahamudra sind Lehren auf der höchsten geistigen Ebene. Man braucht dafür einen sehr guten Verstand. Tsongkhapa hat sich an alle entsprechend ihrer Auffassungsgabe gewandt. Seine Lehren gehen aber nicht so tief und geben für einen scharfsinnigen Verstand nicht so viel her. Sie eignen sich besser für jemanden mit einem mittelmäßigen Verstand. Die Details, die wirklich in die Tiefe gehen, hat Tsongkhapa geheimgehalten. Nimmt man die hinzu, dann gibt es in der Essenz wirklich keine Unterschiede mehr zu den anderen Schulen." Die Lamas der Gelugpas werden dieser Aussage wohl kaum zustimmen, denke ich.

Es gibt eine Technik, von der in einem bekannten Buch von Sogyal Rinpoche viel die Rede ist. Sie wird bei Sterbenden angewendet.

Mir ist nie ganz klar geworden, wie sie einzuordnen ist, deshalb fragte ich Mingyur Rinpoche weiter: *„Rinpoche, was ist Phowa?"*

„Das ist eine der sechs Praktiken des Naropa. Sie ist aber nicht geheim, sondern offen für alle, die sie praktizieren wollen. Allerdings erfordert sie schon einige Kenntnisse und Übungen der tantrischen Praktiken.

Der Praktizierende sieht sich selbst als Gottheit, welche immer das auch ist. Er sammelt seine Windenergie im Zentralkanal seines feinstofflichen Körpers, der wie Licht ist, sehr fein, man kann ihn so nicht im Körper finden. In diesem Kanal treffen sich der allerfeinste Anteil der Windenergie – Sie können auch sagen: die Lebenskraft – und das Bewußtsein; sie vermischen sich und werden durch den Willen des Praktizierenden durch eine Öffnung auf der höchsten Stelle des Scheitels ausgeschleudert: Es gibt neun Öffnungen des Körpers, die man nicht mit den Chakren verwechseln darf. Schickt man das Bewußtsein durch den Scheitel, dann kommt man in den Himmel. Wenn es durch die Afteröffnung geschickt würde, landet man sofort in der Hölle.

Ein Lama wendet Phowa bei Sterbenden an. Der richtige Moment ist da, wenn das Bewußtsein sich eben vom Körper abtrennt. Der Praktizierende kommt aber sofort in die Hölle, wenn er den Betreffenden dabei tötet, also wenn er Phowa zu früh macht oder gar, um einen gesunden Menschen zu töten. Was ausgestoßen wird, das ist identisch mit dem Bewußtseinskontinuum (Namshe)."

Phowa kann man also für andere machen, aber auch für sich selbst. Man kann die Praxis in der Meditation anwenden, das kommt dann einer Todeserfahrung gleich, und man muß die Praxis mit Gebeten für ein langes Leben abschließen. Aber Ngor Luding Khenpo warnte, daß man dies für sich selbst nicht zu oft machen solle: „Wenn man Phowa für sich selbst praktiziert, dann verkürzt man seine eigene Lebensspanne. Das glauben wir Sakyapas – die Kagyüpas und die Nyingmapas haben eine andere Meinung. Man muß sich also sehr genau überlegen, ob man Phowa macht. Macht man es für andere, für einen Menschen, der im Sterben liegt, dann schadet es dem Praktizierenden nicht. Die Person, für die man Phowa macht, ist dann tot. Sie kommt nie wieder zurück. Ihr

S. E. Ngor Luding Khenpo, Thronhalter des Luding-Zweiges der Kagyü-Tradition, Abt des Ngorpa-Klosters in Mandulawa, Dehra Dun

Samsara ist beendet, und sie kommt sofort in den Tushita-Himmel („Himmel der Seligen"). Das ist ein guter Platz, ein sehr guter Platz."

„Also, dann könnte auch ich diese Technik erlernen und anwenden?"

„Na ja, so meine ich das eigentlich nicht. Man muß schon ziemlich weit fortgeschritten in seiner Meditation sein, um das zu können. Aber es ist kein Geheimnis. Man braucht dazu keine spezielle Einweihung, kein tantrisches Gelübde."

Andere Lamas meinten auch, daß man schon ein fortgeschrittener, eher erleuchteter Meister sein müsse, um Phowa zu praktizieren. Dabei soll sich an der obersten Stelle des Scheitels eine kleine Beule bilden und etwas Flüssigkeit austreten. Und nur wer eine sehr hohe Verwirklichung in der meditativen Praxis erlangt hat, kann den Prozeß der Abtrennung des äußerst feinen Bewußtseins vom Körper rückgängig machen. Man nennt das „Delok" – Rückkehr von den Toten.

Es gibt noch eine Variante, die „Drongjuk" heißt, deren Tradition allerdings verlorengegangen sein soll. Dabei wird das Bewußtseinskontinuum in einen gerade gestorbenen Körper eines Menschen oder eines Tieres übertragen.

So heißt es, daß Tarma Doday, der älteste Sohn von Marpa dem Übersetzer, eines Tages zusammen mit seinem Vater und anderen ausritt, vom Pferd fiel und sich dabei schwer verletzte. Er wußte, er müsse sterben. Von seinem Vater hatte er die Technik gelernt, sein Bewußtsein in einen eben verstorbenen Körper zu übertragen – aber weit und breit war kein Sterbender zu sehen. Da fiel plötzlich eine von einem Raubvogel geschlagene Taube tot vom Himmel, und Marpa legte sie seinem Sohn auf die Brust. Tarma Doday übertrug sofort sein Bewußtsein auf die Taube und verstarb. Und alle Umstehenden sahen voller Erstaunen, daß die Taube sich plötzlich auf dem Körper des Toten aufrichtete, sich aufplusterte und die Federn spreizte.

Marpa sah in der Meditation, daß auf der anderen Seite des Himalaja eben ein 15jähriger Junge gestorben war. Er gab der Taube, in der nun das Bewußtsein seines Sohnes war, Anweisung, wie sie dorthin gelangen könne. Die Taube flog über den Himalaja und kam gerade an, als man den Jungen auf den Verbrennungsplatz bringen wollte. Sie setzte sich auf die Leiche und übertrug nun ihrerseits ihr Bewußtsein auf den Toten. Der Junge schlug die Augen auf, lächelte und richtete sich auf. Dabei fiel die Taube, die augenblicklich gestorben war, von seinem Körper. Der Junge wurde ein berühmter Lehrer des Dharma. Man nannte ihn Tipupa, Taubenjunge.

4. Tantrische Meister, ihre Wunder und die Politik

Fast alle großen tantrischen Meister Tibets waren Tulkus. Nicht alle mögen erlauchte spirituelle Ahnenreihen gehabt haben, die bis in die Zeit des Buddha zurückreichen. Es waren sicher auch Yangsis dabei, deren Geisteskräfte durch Erziehung und Ausbildung so geschult und erweitert wurden, daß sie auf dem Pfad eines Bodhisattvas weit fortschreiten konnten. Bei manchen ist der Aspekt des Yogi, des tibetischen Mystikers, sehr ausgeprägt wie bei dem Minling Trizin – das scheint aber im Exil eher selten zu sein. Die meisten sind weithin berühmt als Lehrer wie viele der Vorgänger der in diesem Buch genannten jungen Tulkus. Andere haben einen Ruf als tantrische Heiler, und die Menschen kommen von weit her, um ihren Segen zu erbitten.

Tantriker, so haben wir im vorigen Kapitel gelesen, erlangen manchmal Siddhi-Eigenschaften – sie können dann Wunder vollbringen. Auch wenn sie im tibetischen Buddhismus lediglich als Stationen auf dem Weg zur Buddhaschaft angesehen werden, so erfreuen sich Erzählungen über wunderbare Ereignisse in Tibet doch großer Beliebtheit. Wunder gab es zu allen Zeiten und in allen Kulturen. Nur wir im Westen mit unserer Wissenschaftsgläubigkeit stehen bestürzt vor solchen Zeugnissen von geistiger Kraft und lehnen sie als unbeweisbar und Humbug ab – oder fallen allen Rinpoches in totaler Verehrung zu Füßen. Beides ist falsch.

Ein „normales" Beispiel für die Kraft eines Tantrikers hörten wir vor einigen Jahren im Kloster Sera: Ein tollwütiger Hund hatte mehrere Kinder gebissen. Impfseren gab es nicht. So holte man aus dem nahe gelegenen tantrischen Kloster einen Mönch, der den Ruf hatte, Tollwut heilen zu können. Er kam, ließ die Kinder rennen und dann auf seinen tantrischen Spiegel hauchen. Damit konnte er sehen, wer von ihnen infiziert war. Sie waren es alle. Nun nahm der Lama einen Krug mit Wasser, betete bestimmte Mantras und übertrug ihre Kraft mit seinem Atem auf das Wasser, indem er darüber hauchte. Die Kinder tranken aus dem Gefäß, und keines wurde krank.

Einer der großen tibetischen Tantriker war Kyabje Zong Rinpoche (1903–1984), der in Kham geboren wurde und in Ganden Shartse studierte. Seit dieser Zeit bestand eine enge Verbindung zu dem zwei Jahre älteren Kyabje Trijang Rinpoche – was eine Rolle in den Vorgängen um Shugden gespielt hat, von denen wir noch hören werden. Er wurde ein vorzüglicher Student und Debattierer, gewann ein tiefes Verständnis des Dharma und war in ganz Tibet als tantrischer Meister bekannt. Er beseitigte Schwierigkeiten im Leben vieler Menschen. Er konnte Kranke heilen und machtvolle Geister zähmen, Regen und Hagel kommen und gehen lassen, und die Felder und Gärten, über die er Gebete gesprochen hatte, brachten einen höheren Ertrag. So wird es in einer kleinen Schrift erzählt, die mir Zong Rinpoche gegeben hat: Ihr zufolge verfügte er über schamanistische Kräfte.

Der Lama wurde in Tibet Abt von Ganden Shartse und später im Exil der erste Direktor des 1969 gegründeten „Central Institute of Tibetan Higher Studies" in Sarnath, Varanasi in Indien. Er war auch im Westen als Lehrer berühmt und gefragt und nach Ansicht von Thamthog Tulku in Mailand schon vor seinem Tode ein Erleuchteter.

Auch der Vorgänger des jungen Thugsey Rinpoche in Darjeeling war gleichermaßen als Tantriker, Lehrer und Administrator bekannt. Der Generalsekretär des Klosters Dali geriet regelrecht ins Schwärmen, als er von ihm erzählte:

„Thugsey Rinpoche (1916–1983) war der leibliche Sohn des 10. Drukchen, des Thronhalters der Drukpas. Dieser hatte geheiratet, weil er vorhersah, daß es schwierige Zeiten und damit auch Probleme für die Zukunft seiner Linie geben werde. So fiel seinem Sohn tatsächlich die Aufgabe zu, während der Lebenszeit des 11. und des 12. Drukchen die Linie als Regent im Exil zu vertreten: Der 11. starb schon mit 29 Jahren in Buxa, jenem Auffanglager für Mönche in Indien, und der jetzige 12. wurde von Thugsey Rinpoche aufgefunden, erzogen und ausgebildet. Der Rinpoche war der Halter aller Lehren, Überlieferungen und tantrischen Einweihungen der Drukpas und hat in seinem Leben dreimal drei Jahre Retreat gemacht. 1971 hat er dieses Kloster gebaut, unter den damaligen, auch finanziell schwierigen Umständen eine immense Aufgabe.

Die Drukpas sind in Ladakh sehr verbreitet. Es hatte dort zwölf Jahre Trockenheit gegeben, und die Ladakhis schickten Delegationen zu Thugsey Rinpoche und baten ihn, er solle es doch für sie wieder regnen lassen. Sie vertrauten vollkommen auf seine geistige Kraft. Der Rinpoche ging nach Ladakh, machte einige Zeremonien, und es geschah, was sich das Volk gewünscht hatte – es regnete in Strömen. Er wiederholtes das jedes Jahr bis zu seinem Tode und wurde vom Volk als mächtiger Tantriker und wirklicher Heiliger geliebt und verehrt. Die Ladakhi waren besonders glücklich darüber, daß seine Reinkarnation in Ladakh geboren und inthronisiert wurde, daß der Thugsey Rinpoche wieder da war, der so viel für Ladakh getan hatte. Es war schon lange her, daß ein wirklich hoher Lama in Ladakh geboren worden war."

Alexander Berzin, der Schüler und Übersetzer von Tsenshap Serkong Rinpoche (1914–1983), hat über dessen Vater Serkong Dorje Chang einige bezeichnende Geschichten überliefert – die beiden Tulkus wurden schon weiter oben erwähnt. Seine Notizen wurden mir vom Labrang seiner Reinkarnation zur Verfügung gestellt:

„Serkong Dorje Chang hatte ein Stadium in der Praxis des Anuttara-Yoga erreicht, wo er mit einer Yogini, also einer Frau praktizieren konnte. Als der 13. Dalai Lama von ihm einen Beweis verlangte, daß er bereits so weit fortgeschritten sei, nahm er ein Yak-Horn von einem Tisch und drehte es zu einem Knoten. Der Dalai Lama hatte nun keine Einwände mehr. Und um seinem Sohn die Langeweile während einer langen Puja zu vertreiben, machte er einmal aus Tsampa eine kleine Puppe und ließ sie zum großen Vergnügen des Kindes hin und her laufen. Er war ein Tantriker von hohem Rang und bekannt dafür, böse Geister und Kräfte zähmen zu können. Einmal ging er auch in das sagenhafte Land Shambhala und brachte von dort Früchte und Blumen mit zurück, die noch lange in seinem Haus zu sehen waren."

In diesem Zusammenhang gehören natürlich auch die Ereignisse, die bei und nach dem Tod großer Meister auftreten, von denen wir weiter oben schon in anderem Zusammenhang berichtet haben: So heißt es auch, daß der Leichnam des 13. Dalai Lama auf die Größe eines 10jährigen Kindes schrumpfte – er blieb aber völlig frisch, die Haare wuchsen nach und trugen Blumen an ihren Enden. Auch der Leichnam des 16. Karmapa schrumpfte auf die Größe eines Babys, sagt man, ohne zu verwesen. Und bei seiner Verbrennung flog etwas aus einem Luftschlitz des Verbrennungsofens (Purkhang), das aussah wie ein blauschwarzer Ball. Alle Anwesenden standen völlig erstarrt, bis sich einer von ihnen faßte, es aufhob und auf den Purkhang legte. Das Objekt wurde später als das Herz des Karmapa identifiziert.

Tantriker sind gewöhnlich beim Volk beliebt und den Mächtigen manchmal ein Dorn im Auge, um so mehr, wenn sie selbst politische Funktionen ausüben. Bärlocher hat 1980 ein Interview mit dem leiblichen Sohn des Demo Rinpoche, des unmittelbaren Vorgängers des jetzigen Demo Rinpoche geführt, aus dem ich hier auszugsweise zitiere:

„Der Vorgänger meines Vaters war Regent von Tibet während der Minderjährigkeit des 13. Dalai Lama. Nach dessen Amtsübernahme wurde er des Hochverrats beschuldigt und des Versuchs, den Dalai Lama mit tantrischer Macht zu ermorden.

Der Demo Rinpoche war das Oberhaupt des Tengyeling-Klosters in der Nähe von Lhasa, das sehr reich und sehr groß war. Am Ende des vorigen Jahrhunderts brach eine Art Bürgerkrieg aus zwischen Tengyeling, das von den Chinesen unterstützt wurde, und der Regierung. Er dauerte viele Monate, und ein Teil Lhasas soll dabei zerstört worden sein. Demo Rinpoche verlor den Krieg, wurde ermordet, sein Kloster völlig zerstört. Die Regierung gab ein Edikt heraus, demzufolge seine Reinkarnation nicht mehr anerkannt werden sollte.

Wunderbarerweise wurde der Demo Rinpoche aber als Neffe des 13. Dalai Lama wiedergeboren und trotz des Ediktes anerkannt: Es gab viele Zeichen, und der Junge selbst sagte immer wieder: ‚Ich bin Demo Rinpoche.' Das wurde von vielen Lamas, Schutzgottheiten und den Heiligen Seen bestätigt.

Er hatte kein Kloster mehr und keinen Labrang, wurde in Drepung erzogen und später im tantrischen Kloster von Gyüme. Aber er war ein Schürzenjäger und zog die Robe mit 27 oder 28 Jahren aus. Der Rinpoche war ein Schüler von Phabongkha Rinpoche und enger Freund von Trijang Rinpoche. Er war sehr, sehr mächtig und eine Art Kontrolleur von Schutzgottheiten und Geistern – die Leute nannten ihn manchmal den König der Geister. Er schlichtete die Streitigkeiten, die auch Gottheiten miteinander haben. Das Volk respektierte ihn als einen der größten Lamas von

Tibet. Er starb 1973" – seine Reinkarnation gab uns 1969 als Todesjahr an –, „nachdem er 14 Tage in Thugdam verweilt hatte."

Übrigens hat der 13. Dalai Lama 1916 auf den Ruinen des Tengyeling-Klosters den Mentsekhang, die später sehr berühmte Medizinschule erbauen lassen. Das Kloster Sera hätte fast ein ähnliches Schicksal wie Tengyeling erlitten, als es sich in den 40er Jahren auf die Seite des Regenten Reting Rinpoche schlug, der des Hochverrats angeklagt wurde und 1947 in der Untersuchungshaft im Potala plötzlich verstarb – oder ermordet wurde. Der Aufstand wurde von den Regierungstruppen niedergeschlagen. Man muß dazu wissen, daß die drei riesigen Großklöster eigene Mönchsarmeen hatten!

Was können wir aus diesen Ereignissen schließen? Nichts weiter als das, daß es auch unter den Heiligen Tibets manchmal sehr unheilig zugegangen ist und daß die Geschichte Tibets gewalttätiger und manchmal auch blutrünstiger gewesen ist, als sie heute im Rahmen des „Mythos Tibet" erzählt wird.

In eine ähnliche Richtung geht die Geschichte der Karmapas, der Thronhalter der Karma Kagyü-Tradition und ihrer Regenten, vor allem der Shamarpas: Der Karmapa trägt den „Schwarzen Hut", die Regenten haben rote Hüte. Sie zeigen an, daß ihre Halter untrennbar mit Gedanken, Wort, Tat und der erleuchteten Aktivität der Karmapas verbunden sind. Das gleiche Aussehen der Hüte ist das Zeichen, daß kein Unterschied zwischen der geistigen Kraft des Karmapa und seiner spirituellen Söhne, den Tai Situpas und den Shamarpas besteht, die, wir sagten das schon, seit Jahrhunderten Seite an Seite reinkarnieren.

Der 10. Karmapa war der Gegenspieler des 5. Dalai Lama im Kampf um die Macht in Tibet, nachdem der Khan der Mongolen diesem 1642 die Oberherrschaft über ganz Tibet verliehen hatte. Er wurde dabei von den Chinesen unterstützt. Der Karmapa und seine Anhänger verloren, wurden von den Gelugpas verfolgt und zogen sich in das Kloster Palpung der Tai Situ Rinpoches in Kham zurück.

Der Shamarpa soll nach dem Tode des 7. Dalai Lama (1757) zusammen mit seinem Bruder, dem Panchen Lama, einen Staatsstreich versucht haben. Er verlor ebenfalls. Der Panchen Lama starb in Peking unter Umständen, die ungeklärt blieben, und der Shamarpa floh nach Nepal. Alle Titel, die er vom chinesischen Kaiser bekommen hatte, wurden ihm von der tibetischen Regierung entzogen. Der rote Hut wurde konfisziert, weitere Inkarnationen durch Edikt verboten. Die Shamarpas reinkarnierten in den folgenden 200 Jahren im geheimen.

Der 13. Dalai Lama machte seinen Frieden mit dem Karmapa und tolerierte auch den Shamarpa. Der Bann wurde jedoch offiziell erst 1964 von dem jetzigen Dalai Lama aufgehoben. Die Wiedereinsetzung des 14. Shamarpa Mipam Chokyi Lodro, eines Neffen des Karmapa, führte zu Schwierigkeiten auch innerhalb der Hofstaaten der Regenten, die 1981 anläßlich der Kremation des 16. Karmapa eskalierten und schließlich in der schon erwähnten Auffindung zweier Karmapas endeten.

Ngawang Tenzing Gyatso (Kloster Dali) machte aus seinem Herzen keine Mördergrube und sagte: „Wissen Sie, das ist alles ganz miese Politik. Das ist sehr, sehr schlecht. Wir respektieren die Entscheidung des Dalai Lama für einen der beiden Anwärter. Er ist so eine perfekte Persönlichkeit, sehr, sehr einfach, keine Politik. Die beste Politik ist Ehrlichkeit. Er ist eine ehrliche Person. Was immer er sagt, das glauben wir und dem folgen wir.“

„Wenn man die Politik beiseite läßt, kann man die Existenz zweier Karmapas so erklären, daß sie Tulpas des gleichen Emanators, der gleichen geistigen Kraft sind?“

„Wir haben so etwas durchaus in Tibet gehabt. Auch der Buddha hat zur gleichen Zeit an verschiedenen Stellen gelehrt. Was Sie sagen, könnte eine Erklärung sein, aber das ist in diesem Fall ganz, ganz schwierig zu entscheiden.“

V. Götter, Geister und Orakel

1. Die Welten der göttlichen Wesenheiten

In einem Dialog mit C. Carriere sagte der Dalai Lama einmal:
„Wir glauben an die Existenz höherer Wesen, jedenfalls an die
Existenz eines höheren Seinszustandes. Wir glauben an Orakel,
Weissagungen, die Deutung von Träumen und Visionen und an
die Reinkarnation. Das sind Glaubensinhalte, die wir für Gewiß-
heit halten." Und an einer anderen Stelle schreibt er: „Was wir gewöhnlich Geister nennen, ist eine andere Lebensform. Eine Viel-
zahl von Wesen lebt mitten unter uns. Andere, wie die Devas, mögen sich woanders im Begierdebereich aufhalten. Einige haben
mehr Mitgefühl, andere sind schädlicher."

Es ist ganz erstaunlich, wie gering die Resonanz solcher Aussagen im Westen geblieben ist. Sie stammen immerhin von einer
Persönlichkeit, die auch bei uns hoch verehrt wird und in Büchern, Lehrreden und Vorträgen einen Buddhismus darstellt, der
rational erklärbar, logisch ableitbar und nachprüfbar ist und mit
westlichem naturwissenschaftlichem Denken vereinbar erscheint.
Können wir nicht richtig hinhören, nicht richtig lesen? Ist es
nicht so, daß sich jeder westliche Buddhist fragen muß, warum
denn durchreisende hohe Lamas – oder sein eigener Lama – erst
Belehrungen über den Buddhismus und danach unweigerlich zahlreiche Einweihungen in buddhistische Gottheiten geben? Gottheiten, Götter, denen wir uns anvertrauen sollen, obwohl doch
vorher gesagt wurde, daß der Buddhismus keinen Gott kennt und
daß der Meditierende erkennen soll, daß die Gottheiten, zu denen
er Zuflucht nimmt, letztlich nichts anderes sind als Schöpfungen
seines eigenen Geistes – sie sind leer, da ihnen keine unabhängige Existenz zukommt.

Aber weder für die einfachen Tibeter noch für ihre Lamas sind solche göttlichen Wesen „leer". Sie sprechen mit ihnen. Sie werden von ihnen beraten, in Träumen, Visionen, in der Meditation oder durch Orakel. Hohe Lamas haben eine ganz persönliche, enge Beziehung zu ihrer Schutzgottheit, mit der sie durch ein Gelübde verbunden sind. Das „Leerheit" zu nennen – hat das noch einen Sinn? Nun, einige der befragten Lamas wußten darauf eine gute Antwort zu geben.

Samsara, unsere diesseitige Welt, wird im Buddhimus verschieden unterteilt. Unter anderem in die drei Bereiche der Begierde, der Form und der Formlosigkeit. Aus jedem der drei Bereiche können Wesen eine Wiedergeburt als Mensch annehmen, und umgekehrt können wir Menschen je nach unserem angesammelten guten Karma auch in die Bereiche der Form und Formlosigkeit eingehen. Außerhalb des Samsara sind die Buddhafelder, von denen schon die Rede war.

Auf der untersten Ebene des Begierdebereiches leben die Höllenwesen in acht heißen, acht kalten, vier Nebenhöllen und in zeitweiligen Höllen. Was immer man sich darunter vorstellen mag: Es ist ein höllisches System, an dem Dante seine Freude gehabt hätte. Darüber gibt es die hungrigen Geister, die Pretas, dann kommen die Ebenen der Tiere und der Menschen, und auf der obersten Ebene leben die eifersüchtigen Götter, die Asuras, und einige Devas – das sind Götter und Halbgötter. Andere göttliche Wesen gehören zum Bereich der Form, und schließlich gibt es den formlosen Bereich, die beide wiederum mehrfach unterteilt sind. Böse Geister zählen zu den hungrigen Geistern, halbgöttlichen Wesen oder zu den Tieren.

Eine andere Einteilung ist die in weltliche und überweltliche göttliche Wesen. Die ersteren sind Wesen wie wir und haben einen Körper aus subtiler Materie. Sie unterliegen den leidverursachenden Gefühlen von Begierde und Haß und benutzen häufig Menschen als Medien. Überweltliche Wesen sind dagegen ausschließlich Bodhisattvas und Buddhas, Ausstrahlungen von verschiedenen Aspekten des Buddha, die in Akanishta, dem höchsten Reinen Land, sozusagen dem Himmel der Buddhas, residieren. Zu ihnen gehören z.B. Mahakala, der sich in 75 Formen manifestieren kann, der Totengott Yama oder Palden Lhamo, die Schutzgöttin der Dalai Lamas. Sie war früher eine mächtige Dämonin, wurde dann aber durch einen Eid gebunden und durch Meditation gereinigt.

Mittler zwischen Himmel und Erde, göttliche Boten und Beschützer der Menschen – alle alten Kulturen kannten Zwischenwesen, die sich auf einer Seinsebene über den Menschen befinden. Auch bei Homer und Platon finden sich Aussagen über die Existenz solcher Wesenheiten. Und unsere Engel sind nach der kirchlichen Lehre reine Geistwesen von strahlender Intelligenz, gebündelte geistige Energie. Sie sind geschlechtslos, altern und erkranken nicht und sprechen zu den Menschen. Sie geben ihnen Anweisungen und helfen ihnen in Notlagen. Den Engeln in dieser Hinsicht nahestehend sind die Heiligen, die eine Mittlerfunktion zwischen Gott und den Menschen haben, welche sich im Gebet an sie wenden und mit denen sie sich durch ein Gelübde verbinden können.

2. Schutzgottheiten und das Land Shambhala

Die höchsten der überweltlichen göttlichen Wesen, wie Hayagriva, Yamantaka oder Kalachakra sind Yidams, Meditationsgottheiten, mit denen sich der Praktizierende in der tantrischen Meditation identifiziert und vereinigt. Aber nicht nur in der Meditation: Er „ist" die Gottheit – wie es so schön die Erzählung des Betreuers von Ling Rinpoche zeigt, der sich vor seinen Augen plötzlich in Yamantaka (Dorje Jigje) verwandelte. In einem Yidam manifestiert sich eine geistige Kraft oder Energie, die nicht an Raum und Zeit gebunden ist. Sie wird in dem Moment kontrollierbar, in dem sie sich personifiziert.

Ein Tantriker verbindet sich mit seinem Yidam durch die vollständige Hingabe oder „Lebensübergabe von Körper, Rede und Geist" (Sogde). Er übergibt damit sein Leben an eine spirituelle Kraft, die er als Gottheit visualisiert und die damit zu seiner Schutzgottheit wird. Sie wird durch seinen Lehrer repräsentiert. Dieses tantrische Gelübde bindet Lehrer und Schüler in totalem Gehorsam von seiten des Schülers und schafft eine karmische Situation, die absolut verbindlich ist: Wer das Gelübde bricht, muß mit negativen Konsequenzen in diesem und in zahllosen weiteren Leben rechnen.

Meditations- und Schutzgottheiten greifen nicht in das Karma des Tantrikers ein, mit dem sie verbunden sind, ebensowenig wie unsere Schutzengel in den freien Willen ihres Schützlings. Sie machen ihm lediglich bewußt, wie er seine geistigen Kräfte selbst zum Guten aktivieren kann.

Andere göttliche Wesen, die teils dem weltlichen und teils dem überweltlichen Bereich angehören, sind die Dharmapalas, Beschützer der Lehre. Die spirituelle Praxis zielt hier nicht auf ein Einswerden mit diesen Wesen. Sie sind nur Helfer auf dem Wege der Praxis und bleiben immer außerhalb des Praktizierenden. Aber auch sie haben als Beschützer der Lehre eine überpersönliche, universale Bedeutung. Manche sind auch Yidam und Dharmapala zugleich, manche gehören zu allen Schulen des tibetischen Buddhismus, andere nur zu einzelnen Traditionen. Die Klassifikation der Götter ist schwierig und durchaus widersprüchlich.

Wir sprachen mit Khochhen Tulku (Mindrolling) über unsere Schwierigkeit, das Verhältnis zwischen einem Lama und seiner Schutzgottheit zu verstehen.

„Rinpoche, in einem Artikel von Sogyal Rinpoche habe ich kürzlich gelesen, daß Padmasambhava jeder Bitte, die an ihn gerichtet wird, gleich nachkommt. Heißt das, daß er immer um uns ist?“

„Das stimmt, trifft aber nicht nur für Guru Rinpoche zu. Jede Gottheit, in die Sie hundertprozentiges Vertrauen haben, wird Ihnen helfen, ob das nun Ihre Schutzgottheit ist oder beispielsweise der Medizinbuddha. Alles hängt nur von Ihrem Glauben ab.“

„Aber ich verstehe nicht, daß diese Gottheiten als real existierend wahrgenommen werden, besonders die Schutzgottheiten hoher Lamas, welche diesen ganz konkrete Ratschläge geben – auf der anderen Seite ist die wahre Natur alles Seienden die Leerheit, und wir sollen die Götter als Produkt unserer Imagination ansehen?“

„Leerheit bedeutet nur, daß die Dinge keine unabhängige, dauernde Existenz haben. Ein Lama und seine Schutzgottheit haben eine gemeinsame Aufgabe. Ein Lama ist der Repräsentant seiner Religion, und es ist die Aufgabe der Schutzgottheit, die Religion vor dem Bösen zu bewahren. Aber eine Schutzgottheit kann keine Anweisungen geben, es ist umgekehrt, aber in speziellen Fällen kann sie vielleicht raten."

„Die Essenz eines Dharmabeschützers ist Leerheit", meinte Mingyur Rinpoche (Sherabling) zu dem gleichen Problem. „Andererseits existiert er aber doch: Es ist ähnlich wie in einem Traum. Sie träumen, daß Sie 100 Autos haben, und morgens erwachen Sie und schauen aus dem Fenster, und da steht kein Auto. Sie träumen, daß Sie einen Unfall haben und erleiden Schmerzen. Oder etwas, was Sie in einem Traum erleben, macht Sie überglücklich: Aber am nächsten Tag ist die Welt so grau wie zuvor. Also etwas existiert in Ihrem Geist, und es existiert doch wieder nicht. So ist es auch mit den vielen göttlichen Wesenheiten, die wir im Buddhismus kennen."

In diesen Bereich zwischen Existenz und Nicht-Existenz gehört auch das sagenhafte Land Shambhala, das nördlich des Tarimflusses in Ostturkistan liegen soll und in vielen Erzählungen und Sagen weiterlebt. Es ist das Land tantrischer Klöster mit einer engen Beziehung zum Kalachakra-Tantra. Dort werden die heiligen Bücher des Vajrayana aufbewahrt, und es hat Meister auch in unserer Zeit gegeben, die von sich gesagt haben, daß sie dort waren und Belehrungen empfangen haben. Der dritte Panchen Lama hat sogar einen „Reiseführer" nach Shambhala geschrieben. Wer sich dafür interessiert, findet eine Darstellung von Shambhala u. a. in Geshe Lhundup Sopas „The Wheel of Time" (1995).

Wir fragten die zwei eben genannten Rinpoches ganz direkt, ob sie glauben, daß es Shambhala wirklich gibt: „Die Schriften sagen, daß es Shambhala gibt, und ich glaube hundertprozentig daran", antwortete Khochhen Tulku.

„Kann man sich das wie ein Buddhafeld vorstellen?"
„Shambhala liegt im Norden, es ist wirklich vorhanden. Aber

Sie müssen daran glauben, wenn Sie Shambhala sehen wollen. Wer nicht glaubt, wird es nie sehen, für den bleibt es eine Legende, ein Märchen. Der Buddha hätte nicht davon gesprochen, wenn es Shambhala nicht gäbe."

„Sprechen die Sutren davon?"
„Nein, es wird in den Tantras davon berichtet."

„Brauchen Sie dann auch tantrische Kräfte, um Shambhala zu erreichen?"
„Wenn Sie Tantra praktizieren, können Sie überall hingelangen, auch nach Shambhala."

Mingyur Rinpoche drückte das gleiche noch etwas differenzierter aus:
„Der Buddha selbst hat nie direkt gesagt, daß es Shambhala gibt. Es steht davon nichts in den Sutren. Aber wenn ich glaube, daß es Shambhala gibt, dann ist es auch da. Es gibt keinen Unterschied zwischen Shambhala und der uns umgebenden Welt. Der Erleuchtete sieht und fühlt: Shambhala ist Gefühl und Erkenntnis, ist reines Bewußtsein. Es ist eine Gestaltung des Geistes. Und wenn ein Meister sagt, daß er in Shambhala war, dann ist das keine Eingebung oder Vision. Wenn er nach Shambhala gegangen ist, dann war das für ihn so wirklich wie essen, trinken, reden – er hatte einfach die nötige geistige Energie.

Der Lama hat die Kraft oder Energie benutzt, die man durch die ständige Praxis der Meditation bekommt. Wenn er sie hat, kann er Shambhala nicht nur sehen, er kann dorthin gehen, wann immer er will. Sie können auch sagen, er ist in den Himmel gegangen. Es gibt keinen Unterschied zwischen Shambhala und Tushita. In der Tat, Shambhala ist Tushita. Wir können das nur nicht erkennen, weil unser Geist durch die Unwissenheit getrübt ist. Shambhala gibt es, aber es hat eine andere, für uns nicht sichtbare Realität als die Welt, in der wir leben.

Wenn diese Welt und alles um uns herum falsch ist, irreal, dann ist auch Shambhala falsch. Wenn dies alles wirklich ist, dann sind es auch Tushita und Shambhala. Jeder von uns erschafft sich seine Welt selbst. Und so kommt es dann auch, daß der mit Sicherheit gestraft wird, der sich vor dem Zorn seiner Schutzgottheit fürchtet. Wir glauben an göttliche Wesenheiten, wir glauben, daß Shambhala existiert. Sie vielleicht nicht. Aber wie ist es denn bei Ihnen? Sie haben sich eine technische Welt geschaffen, eine virtuelle Welt, die nicht hinterfragt wird. Sie wird auch ganz einfach geglaubt, oder wissen Sie etwa, wie ein Computer funktioniert?"

3. Weltliche Geister, Orakel und das Mo

Wir Laien haben es mehr mit den weltlichen Geistern zu tun, zu denen die meisten durch Gelübde gebundenen Geistwesen (Damtshig) gehören sollen. Sie bilden eine eigenständige Seinsklasse und sind teilweise vorbuddhistische lokale Götter gewesen. Bei ihnen kann man sich nicht sicher sein, daß sie nicht jederzeit unheilvolle Kräfte entwickeln können. Sie gelten zwar als relativ friedfertig, aber sie sind sozusagen psychisch instabil – es bleibt immer ein Rest von Furcht. Sie gehören wie wir der Welt des Samsara an. Man kann sie zwar anrufen, es gibt auch entsprechende Rituale, sie können auch zu uns durch Orakel sprechen, aber man sollte bei ihnen niemals Zuflucht suchen, d. h. die Lebensübergabe praktizieren.

Die Mehrzahl der Geister, die von Menschen Besitz ergreifen oder besser: in sie fahren, waren – so heißt es – einmal Menschen, die ermordet worden oder sonstwie durch Gewalt umgekommen sind. Es sind umherirrende Geister. Sie sind unfrei und haben keine Kontrolle über sich selbst. Wer von ihnen befallen wird, kann psychisch oder physisch krank werden. Er wird sich dann einen Schamanen, die es im Himalaja durchaus noch gibt, oder einfacher einen Lama suchen, der den bösen Geist austreibt.

Wesentlich komplexer sind die Geister, die durch ein Medium sprechen. Sie können in unterschiedlichem Grade frei über sich verfügen, wenngleich eine Abgrenzung schwierig ist. Die wichtigsten unter ihnen sind die geistigen Manifestationen von spirituell hochentwickelten Wesen, die einmal historische Persönlichkeiten waren. Sie sind weltliche Gottheiten, haben eine völlige Kontrolle über sich selbst und sprechen oft durch ein Medium – sie werden zu Orakelgöttern und agieren als Schutzgottheiten.

Die Lamas schließen eine Übereinkunft mit der Gottheit, ständig verfügbar zu sein, nur auf Einladung in das Medium einzutreten und auf jede Frage eine klare Antwort zu geben. Sie können auch mehrere Eigentümer haben, mit denen sie einen Vertrag abschließen. Man nennt sie Choesung, Beschützer der Religion. Sie können als zornvolle Macht auftreten, wenn der Frieden und die Sicherheit von Menschen und religiösen Institutionen in Gefahr ist. Störenfriede werden dann radikal vernichtet. Dies kann als liebendes Mitleid in anderer Form gedeutet werden, denn die Zerstörung soll ein Segen für einen besseren Neubeginn sein. Aus der Sicht der Betroffenen würde man wohl eher von Teufelswerk sprechen – was der Dalai Lama in bezug auf Shugden in der Tat getan hat (vgl. das folgende Kapitel).

Auch wenn es für uns schwer vorstellbar ist: Der tibetische Lama lebt in einer spirituellen Gemeinschaft mit abgeschiedenen Seelen oder in buddhistischer Terminologie: mit geistigen Wesenheiten, deren höchste Formen die Verkörperung universaler geistiger Kräfte sind. Sie sprechen zu den Lamas in Träumen und Visionen, sie antworten durch Medien und sagen die Zukunft vorher. Sie segnen den, mit dem sie durch einen Eid verbunden sind, und vernichten seine Gegner. Sie wirken in den Alltag hinein und können durch Orakel auch die Zukunft gestalten. Sie haben mithin auch politischen Einfluß. Sie gelten also als sehr mächtige Wesen, vor deren Kräften man sehr wohl auf der Hut sein muß. Ganz besonders dann, wenn man sich nicht sicher ist, welchen Grad an geistiger Vollkommenheit sie besitzen. Und kann man das je sein? Die Shugden-Affäre, auf die ich noch ausführlich zu sprechen komme, zeigt die Berechtigung dieser Frage.

Ein Lama kann mit den göttlichen Wesenheiten, die uns umgeben, durch Orakel oder durch das Mo – auch Divination oder Weissagung genannt – in Verbindung treten. Bei der Auffindung fast aller von uns befragten Tulkus haben Orakel eine gewisse Rolle gespielt, allerdings meist nur im Anfangsstadium der Suche, während die suchenden Lamas Mo vor allem zur Bestätigung eines Kandidaten machen. Eine ähnliche Funktion haben Heilige Seen wie der Lhamo Latso See in Tibet.

Wir fragten Geshe Ugyen (Sera), wie man Mo macht, und er antwortete: „Mos, man kann auch sagen Orakel, stehen hauptsächlich mit Palden Lhamo, der Schutzgottheit Tibets in Beziehung. Es gibt aber auch solche von verschiedenen anderen Gottheiten wie z. B. von Manjushri. Wer das Mo macht, muß bestimmte Einweihungen in die Gottheit haben und vorher in Retreat gehen. Manches ist auch durchaus geheim. Dann wird eine bestimmte Frage an die Gottheit gerichtet. Dazu benutzt man am häufigsten drei Würfel in verschiedenen Farben, weiß, schwarz und rot. Sie werden gleichzeitig geworfen mit der Bitte an die Gottheit, die Frage zu beantworten. Es gibt Zahlen von 3 bis 18. Wenn 3 herauskommt, ist das ein ziemlich armseliges Resultat, aber 18 bedeutet ein sehr gutes Mo. Aber die Zahlen allein beweisen nicht unbedingt eine gute Qualität. Die muß man aus einem Buch (Petcha), einem besonderen Mo-Buch ermitteln, aus dem man die Bedeutung einer bestimmten Zahl ersehen kann. Für die verschiedenen Beschützer, die befragt werden können, gibt es natürlich auch verschiedene Bücher. Das von Palden Lhamo wird am häufigsten benutzt."

„Welche Orakel gibt es heute in Sera?"

„In Tibet war es das Orakel von Karma-sha. Die Gottheit gibt es natürlich auch heute noch, und man macht auch bestimmte Rituale, aber es gibt kein Orakel mehr. Als Tibet besetzt wurde, brach diese Tradition ab. Das Orakel hat uns gesagt: ‚Seht zu, daß Ihr weg kommt, hier wird es ganz schlimm werden. Ich selber gehe nach Shambhala.' Und das Medium, der Kuten, durch den das Orakel spricht, hat damals alle seine Kleidungsstücke an die Mönche verteilt.

Es gab in Sera auch ein Orakel von Shugden. Der Kuten gehört zu einem bestimmten Khamtsen. Er war also ein Orakel nur für diese Abteilung des Klosters, nicht für das Gesamtkloster. Das Orakel wird heute nicht mehr benutzt. Seine Heiligkeit hat die Begründung dafür gegeben, warum dieser Beschützer Shugden nicht sehr zuverlässig ist. Ich kann nicht so sehr viel dazu sagen, das ist jedenfalls auch aus politischer Sicht so entschieden worden."

Im Exil gibt es nur noch wenige Orakel, die durch ein Medium sprechen. Wenn heute von Orakeln gesprochen wird, ist damit meist das Mo mit Würfeln oder anderen Techniken gemeint, mit dem die jeweiligen Schutzgottheiten der Klöster befragt werden. Die Deutung wird dann den Orakelbüchern entnommen, die aber ebenso wie die Arten des Mo selbst in Klöstern der gleichen Tradition unterschiedlich sind.

Goshir Gyaltsab Rinpoche (Rumtek) nimmt eine Gebetskette (Mala), um Mo zu machen, wie er weiter oben erzählt hat. Auch daß man bei der Suche nach einem Tulku Zettel mit den Namen verschiedener Kandidaten in kleine Bälle aus Tsampa oder Teig steckte, wurde schon erwähnt. Diese Praxis wurde früher häufig auch verwendet, um eine Antwort auf anstehende wichtige staatspolitische Entscheidungen zu bekommen, etwa bei der Auswahl der Reinkarnation eines verstorbenen Dalai Lama, oder es wurde ein Anwärter auf die Regentschaft damit ausgelost – möglicherweise zusätzlich zur Befragung der Staatsorakel.

Bei wichtigen Entscheidungen wurden in Tibet vor allem die Staatsorakel zu Rate gezogen, die in den Klöstern Nechung und Gadong residierten. Beide Klöster gibt es wieder in Dharamsala, in Gadong leben 20 Mönche, in Nechung etwa 60. Der Kuten – das Medium – von Gadong ist in den letzten zehn Jahren zwar noch in Trance gefallen, aber er spricht nicht mehr. Wir wollten ihn interviewen, aber er war „zu beschäftigt". Der Mönch, der uns herumführte, meinte, das Verstummen des Orakels könne schon etwas mit dem Shugden-Problem zu tun haben.

Den Abt und Kuten des Klosters Nechung, Thubten Ngodrup kennen wir schon seit vielen Jahren. Er ist Ende Dreißig und war nach dem Tode des vorigen Kuten vor einigen Jahren plötzlich in Trance gefallen. Niemals zuvor hatten sich bei ihm irgendwelche medialen Begabungen gezeigt. Er wurde vor den Dalai Lama gebracht und fiel sofort wieder in Trance. Nach einigen weiteren Prüfungen wurde er dann zum Medium des Staatsorakels be-

Khenpo Thubten Ngodrup, Abt des Nechung-Klosters und Medium des Nechung-Orakels in Dharamsala

stimmt. Der Kuten ist ein für seine hohe Position höchst unzeremonieller Mönch, lebhaft und liebenswürdig, spricht aber sehr ungern über sich selbst. Daß es in Tibet ein wichtiges Orakel von Shugden im Kloster Panglung und im Exil bis vor wenigen Jahren in den Klöstern Ganden und Sera gegeben hat, ließ er in diesem Interview unerwähnt.

„Kuten-la, können Sie etwas zur Geschichte des Nechung-Orakels sagen?"
  „Ja, wie Sie wissen, war das Kloster Samye das erste Kloster in Tibet, dort wurde auch Nechung installiert. Durch das Nechung-Orakel spricht Pehar Gyalpo, die Schutzgottheit ganz Tibets. Sie ist männlich, und Palden Lhamo, die Schutzgottheit der Dalai Lamas, ist weiblich: Der Unterschied zwischen beiden liegt darin, daß Palden Lhamo eine Manifestation der grünen Tara – einem weiblichen Bodhisattva – ist, Pehar dagegen eine Manifestation

146

von Avalokiteshvara (Chenresig) und damit des Buddha Amitabha. Er ist von Padmasambhava selbst zum Dharmabeschützer bestimmt worden."

„War Pehar vorher ein Dämon?"
„Nicht genau, es gibt da viele Mißverständnisse. Es besteht eine direkte Verbindung zu Avalokiteshvara, und Tibet ist bekannt als das Land von Chenresig."

„Ich habe gelesen, daß Pehar mit einem Lama in die Mongolei gegangen war und erst danach nach Samye kam?"
„Das ist wahr, es gibt auch Ursprünge in der Mongolei. Das Leben von Pehar kann in drei Abschnitte geteilt werden: Der erste Teil ist eine sehr lange Geschichte, sie geht bis nach Indien zurück. Im mittleren Teil lebte er in der Mongolei, und dann beginnt seine Geschichte in Tibet im 8. Jahrhundert, zur Zeit von König Tri Song Detsen."

„Wenn Sie ‚Leben' sagen, was ist damit gemeint?"
„Damit ist nicht menschliches Leben gemeint, denn Pehar ist ein Geist, und sein Leben ist endlos. Einmal ist er sozusagen ein gewöhnlicher Beschützer, auf der anderen Seite ist er ein erleuchteter Geist, er gehört damit sowohl zur transzendenten Welt wie die Yidams, wie die Buddhafamilien, deshalb hat er eine ewige Existenz. Er wird existieren, solange es Wesen gibt, die seiner Hilfe bedürfen.

Wegen seiner Funktion als Beschützer gehört er aber auch zu den Wesen, die noch im Samsara leben, das ist ziemlich kompliziert. Man muß also zwischen seinem Wesen und seiner Funktion unterscheiden. Er gehört zwei Welten gleichzeitig an."

„Wer spricht durch den Kuten? Pehar selbst oder Dorje Drakden – und wer ist das?"
„Pehar ist eine Manifestation der Fünf Königlichen Beschützer. Er kann alle gleichzeitig vertreten oder jeweils einen bestimmten. Pehar heißt auch ‚der König' und hat sechs Arme und drei Gesichter. Dorje Drakden ist die Re-Manifestation einer Manifesta-

tion: Wir sagen, er ist der Minister der Fünf Könige und damit auch von Pehar. Beide haben also die gleiche Basis. Durch den Kuten spricht immer Dorje Drakden, ganz selten auch einmal Pehar bei ganz speziellen Gelegenheiten. Aber das ist oft schwer zu entscheiden."

„Wer sind die Fünf Königlichen Beschützer?"
„Sie sind die Verkörperung der Weisheit der fünf Buddhafamilien, der fünf Dhyani-Buddhas. Pehar hat verschiedene Manifestationen, die zornvoll sind, auch eine, die mild ist. Das gilt für andere Beschützer genauso. Die Essenz ihres Geistes ist aber immer Mitgefühl."

„Hohe Lamas haben oft einen sehr engen Kontakt mit ihrer Schutzgottheit: Auf der einen Seite greifen sie direkt in diese Welt ein, auf der anderen Seite sind sie ‚leer', haben keine unabhängige Existenz – können Sie dazu etwas sagen?"
„Ja, das ist wahr. Aber wenn Sie tiefer in den Buddhismus eindringen, dann werden Sie das besser verstehen: Wir unterscheiden zwischen einer relativen und einer endgültigen Wahrheit. Die Realisation der Leerheit gehört zur letzteren Kategorie. Was immer relativ ist, das muß man akzeptieren. Orakel gehören zu dieser Kategorie der relativen Wahrheit. Man muß seine Praxis immer und in jedem Fall auf der relativen Wahrheit aufbauen, sie ist eine Art Werkzeug, das uns das Tor zur Realisation der Leerheit öffnet. Ähnlich ist es mit den Orakeln.

Wir müssen unsere Praxis auf den zwei Pfaden aufbauen, den Sutras und den Tantras. Und die zwei Früchte sind die zwei Körper der Formlosigkeit und der Form. Wenn Sie das auf Ihr Thema anwenden, dann sagt man, daß der Nirmanakaya, die stoffliche Erscheinungsform eines erleuchteten Wesens, also eines Tulkus, auf Liebe und Mitgefühl basiert, auf dem Wunsch, für das Wohl der Lebewesen zu wirken. Aber es ist oft schwer, zwischen diesem – dem wahren Tulku – und einem Tulku zu unterscheiden, der kein Bodhisattva ist. Wir sprechen dann von einem Yangsi. Aber es gibt auch Tulkus, die nicht anerkannt worden sind, die mitten unter uns leben, aber gleichwohl wahre Tulkus sind."

„Wie viele Orakel hat es in Tibet gegeben?"

„Das ist sehr schwer zu sagen. Die Zahl geht vielleicht in die Tausende. Aber Geister können sich in vielen Menschen gleichzeitig manifestieren und durch sie gleichzeitig in vielen verschiedenen Regionen Tibets sprechen. So hat es zwar viele Medien gegeben, aber doch nur eine kleine Zahl von Geistwesen, die durch sie gesprochen haben. Heute spielen eigentlich nur noch Nechung, Gadong und Tsengpa Brahma eine Rolle, sie haben ihren Sitz hier in Dharamsala. In Tibet waren außerdem Tenma – eine weibliche Gottheit – und Samye Tsenmar von Bedeutung. Nur Nechung und Gadong sind Staatsorakel, die anderen haben viele Manifestationen und werden in Fällen von Krankheit und privaten Problemen konsultiert."

„Ich habe gehört, daß Gadong seit zehn Jahren nicht mehr spricht – warum nicht?"

(Lacht) „Ich weiß nicht, da müssen Sie Gadong fragen. Gadong ist auch eine Manifestation von Pehar – es ist die ‚Qualität' oder das ‚Wissen' von Pehar, Nechung ist die Manifestation seiner ‚Rede'."

„Kann ich Sie auch etwas zu Shugden fragen? Gibt es da ein Problem zwischen dem Nechung-Orakel und dem Shugden-Orakel?"

„Oh, das ist eine sehr, sehr lange Geschichte, aber das stimmt so nicht.

Das Shugden-Problem ist entstanden, weil der Shugden-Kult den Ansichten und dem Glauben des Buddhismus widerspricht. Das geht bis in die Zeiten des 5. Dalai Lama zurück. Für Sie im Westen mag die Entscheidung Seiner Heiligkeit nicht richtig erscheinen, aber für uns ist es unzweifelhaft, daß sie richtig ist, weil sie die Einheit des Buddhismus bewahrt."

„Ist das Nechung-Orakel sozusagen rein staatlich, oder kann es auch von einer Einzelperson konsultiert werden?"

„Sie können auch fragen, aber die Frage müßte im Rahmen einer Institution vorgelegt werden."

„Gehen Sie vor einer Trance in Retreat?"

„Ja, immer, für 10–15 Minuten. Aber ich bereite mich am Tag vorher auch mit Gebeten vor."

4. Das Problem Shugden

Der 5. Dalai Lama (1617–1682) hatte einen Rivalen um sein Amt, den Tulku Dragpa Gyaltsen, der in seinen vorhergehenden Reinkarnationen dem 2. Dalai Lama und Tsongkhapa selbst sehr nahe gestanden hatte. Der Dalai Lama hatte auch Belehrungen von Nyingma-Meistern erhalten, was fundamentalistischen Gelugpas nicht behagt haben mag, die um die Reinheit der Lehren Tsongkhapas fürchteten. Dragpa Gyaltsen soll sehr gelehrt gewesen sein und hatte eine große Anhängerschaft, die sich gegen den Dalai Lama stellte. Es gab so viele Intrigen, daß der Tulku beschloß, Selbstmord zu begehen, denn aufgrund seiner außerordentlichen spirituellen Kräfte waren alle Anschläge auf sein Leben mißlungen. Er sagte vor seinem Tode, wenn er unschuldig sei, werde der Rauch von seinem Verbrennungsplatz als schwarze Säule aufsteigen und die Form einer offenen Hand annehmen. Und genauso geschah es, nachdem er sich einen Schal (Khatag) in seinen Hals gesteckt hatte, an dem er dann erstickte.

Nach einer anderen Version aus der Umgebung von Trijang Rinpoche war Shugden ein Bodhisattva. Er sollte ermordet werden. Die Mörder stachen mit Messern auf ihn ein, konnten ihn aber nicht töten, weil er als Bodhisattva unverletzlich war. Doch vor vielen Leben hatte er einmal eine Ameise mit einer Schnur erdrosselt, und dieser winzige Rest schädlichen Karmas war noch nicht verbrannt. Und so sagte er zu seinen Mördern: „Ihr müßt mich erwürgen. Nur so könnt Ihr mich töten." Er war entschlossen, nicht mehr in menschlicher Form auf diese Welt zurückzukommen.

Bestimmte weltliche Gottheiten, die einmal historische Persönlichkeiten waren, können, wie schon weiter oben erwähnt, zu Beschützern der Religion werden. Sie schließen mit den Lamas einen regelrechten Vertrag ab und werden durch einen Eid auf ihre

Aufgabe verpflichtet. So geschah es auch im Fall des Tulku Dragpa Gyaltsen, dessen Geist nach dem Tod des Tulkus viel Unheil in der Umgebung des Dalai Lama und in den drei Staatsklöstern der Gelugpas anrichtete. Man konnte damit nicht fertig werden, trat schließlich mit seinem Geist in Verbindung und bat ihn, der Beschützer der Gelug-Tradition und der Reinheit der Lehren von Tsongkhapa zu werden. Der abgeschiedene Tulku stimmte zu und manifestierte sich als Geistwesen Dorje Shugden in einer zornvollen Gestalt. Er wurde auch als Emanation von Manjushri angesehen.

Die Geschichte der Zähmung dieses Geistes verdanken wir unserem Übersetzer in Sikkim, Lhagod Lama: „Nach dem gewaltsamen Tod des Tulkus passierten alle möglichen schlimmen Dinge, alle Rituale halfen nichts. So wurde der Sakya Trizin von der Regierung gefragt, ob nicht ein Sakya-Lama den Geist zähmen könne. Der Trizin stimmte zu, und man machte bestimmte Pujas. Schließlich wurde der Lama Sakya Gongma mit der Zähmung des Geistes beauftragt. Er versank in tiefe Meditation und befahl den Geist zu sich in das Kloster Sakya. Er kam auch wirklich, und als er eben in das Zimmer des Lamas eintreten wollte, nahm dieser das rituelle Zepter (Dorje) und die Glocke (Tilbu) in seine Hände und sprach ein besonderes Mantra. Vielleicht war er ein bißchen nervös, jedenfalls fiel ihm der Dorje aus der Hand. Als der Geist nun in das Zimmer kam, sagte er zu ihm: ‚Heb das auf!' Der Lama hatte das Zepter durch seine geistige Kraft sehr schwer werden lassen, aber der Geist hob es mühelos auf und legte es auf den Tisch. Da sagte der Lama: ‚Du bist sehr stark. Du heißt jetzt Shugden' – was soviel wie ‚große Kraft' bedeutet –, ‚Dorje Shugden, und wirst von jetzt an der Dharmapala für die Lehren Tsongkhapas sein.' Und Shugden stimmte zu und legte einen Eid ab, andere Menschen nicht mehr zu belästigen. Er war vollständig unter Kontrolle, nachdem der Lama noch besondere Gebete gesprochen, ihm schwarzen Tee angeboten und geweihte Reiskörner über ihn geworfen hatte.

Shugden ist ein weltlicher Geist, der sehr viel Unheil anrichten kann, wenn man seine Verehrung unterbricht. Ich lebe nun in ständiger Angst, nachdem ich genau das getan habe, um den

Willen des Dalai Lama zu erfüllen. Wäre er ein Yidam, dann brauchte ich keine Angst vor seiner Rache zu haben."

Eben darum geht es auch in der Diskussion um Shugden: Ist er ein überweltliches Wesen, ein Bodhisattva, den man als Yidam visualisieren und mit dem man in der tantrischen Meditation einswerden kann? Oder ein Dharmapala, ein Beschützer, der zu den Wesen gehört, die einmal Menschen waren und sich entschlossen haben, in nicht-menschlicher Form wiederzukommen, zum Wohle bestimmter Menschen, mit denen sie ein besonderes Verhältnis haben? Es sind keine Wesen, die in den Buddhafeldern leben, aber die Grenzen sind fließend. Sie sind – wie man uns auch erklärt hat – nicht völlig Geistwesen, sondern haben einen Lichtkörper aus subtiler Materie, ein Bewußtsein und die Fähigkeit, mit anderen Menschen zu kommunizieren, die dazu aufgrund ihrer eigenen Entwicklung befähigt sind.

Oder ist er einer dieser weltlichen Geister, die sich nicht selbst kontrollieren können und psychisch unstabil sind, eine Gottheit niederen Ranges?

In einer Veröffentlichung des Tibet-Büros 1998 ist, ganz christlich gesprochen, von einem „teuflischen" Geist die Rede, der es seit 300 Jahren darauf abgesehen habe, religiösen Führern Schaden zuzufügen, wenn sie sich für andere Traditionen öffnen. Es sei ein sehr mächtiger Geist. Besonders jungen Menschen, die Probleme haben, bleibe die Lehre Buddhas, die viel Eigenverantwortung verlange, unerreichbar. Einem Schutzgeist könnten sie sich ganz direkt zuwenden, das mache den Kult populär.

1996 hat der Dalai Lama alle diejenigen, die ihm als spirituellen Lehrer folgen wollen, gebeten, die Praxis der Lebensübergabe an Shugden aufzugeben.

Die Entscheidung des Dalai Lama hat eine Weile für viel Verwirrung und manchmal – im Westen – auch für Empörung gesorgt, denn die meisten der derzeit als Lehrer aktiven Lamas waren Shugden-Anhänger. Einer von ihnen erzählte ganz freimütig, daß der Dalai Lama selbst ihn ganz klar vor die Wahl gestellt habe: entweder den Shugden-Kult aufzugeben oder nicht mehr zu seinen Belehrungen zu kommen. Er sei dann nach Indien gereist

Kyabje Trijang Rinpoche,
Kloster Ganden Shartse.
Lebt zur Zeit im Kloster
Rabten Choeling, Schweiz

und habe Seiner Heiligkeit versichert, daß er ihm weiter folgen
werde.

Wir kamen zum ersten Mal bewußt mit dem Shugden-Problem
in Berührung, als wir den jungen Trijang Rinpoche interviewt haben, der 1996 aus dem Kloster Ganden herausgeholt und in die
Schweiz gebracht worden war. In den vorangegangenen Auseinandersetzungen hatten Lamas des Klosters Ganden Shartse, in
dem es ein berühmtes Orakel von Shugden in seiner friedvollen
Gestalt (Dulzin) gab, eine wichtige Rolle gespielt.

„Können Sie etwas über die Verbindung Ihrer Linie zu Dorje
Shugden sagen, Rinpoche?" fragten wir den Tulku.
„Natürlich können Sie mich das fragen: Dorje Shugden war ja
der Beschützer meiner drei vorhergehenden Inkarnationen."

*„Kann ein Beschützer gleichzeitig mehrere Linien beschützen,
ich denke da an Kyabje Zong Rinpoche, der ebenfalls Shugden
als seine Schutzgottheit verehrt hat?"*

„Ja, das ist möglich. Ein Beschützer kann seinen Dienst zweifellos mehreren Lamas erweisen, und er hat die Fähigkeit, entsprechend viele Erscheinungen zu erzeugen, um diese Wirkung
auszulösen."

„Hat das etwas mit ,Tulpa' zu tun?"

„Ich denke, ja. Wenn in diesem Zusammenhang von Tulpa gesprochen wird, dann muß das nicht unbedingt bedeuten, daß ein
Wesen sich in der Form eines Menschen zeigt, sondern daß es in
jeder nur erdenklichen Weise Aktivitäten ausführt, um den ihm
verbundenen Personen einen Dienst zu erweisen. Eine solche Be-
schützergottheit hat nach meiner Meinung unbedingt die Kraft,
in entsprechender Weise aufzutreten, wann und wo immer das
notwendig ist. Das muß nicht unbedingt in menschlicher Form
sein."

*„Dorje Shugden hatte dem vorigen Zong Rinpoche während ei-
ner Auslandsreise gesagt, er solle nach Ganden zurückkehren
und weiter, als er dort plötzlich erkrankte, er müsse am Leben
bleiben, bis die Reinkarnation von Kyabje Trijang Rinpoche von
ihm gefunden worden sei. Und er ist in der Tat erst gestorben,
nachdem er sich über die Identität der Reinkarnation sicher war.
Das haben wir in Ganden gehört. Wissen Sie darüber etwas?"*

„Nein, ich kenne diese Geschichte nicht, aber sie ist durchaus
möglich, denn Kyabje Zong Rinpoche war einer der engsten Schüler von Trijang Rinpoche und vertraute auf die gleiche Beschüt-
zergottheit. Es ist sehr naheliegend, daß Dorje Shugden eine solche Aufforderung an Zong Rinpoche gegeben hat."

*„Haben Sie eine Ahnung, in welcher Form Zong Rinpoche diese
Bestätigung gegeben haben kann?"*

„Das war wohl vor meiner offiziellen Bestätigung durch den
Dalai Lama und wurde deshalb vielleicht nicht öffentlich ange-
kündigt."

„Warum sind Sie überhaupt hierher gekommen, Rinpoche?"

„Der Grund sind die kleinen Probleme, die in der tibetischen Gesellschaft ausgelöst wurden. In Ganden wäre ich zuviel damit konfrontiert worden, und das hätte mich am Studium gehindert. Es war aber schon einige Jahre vorher geplant, daß ich auf einen Besuch in den Westen komme. Das hat sich verzögert, weil es schwer war, die nötigen Dokumente zu bekommen. Als ich sie bekam, fiel das auf den Zeitpunkt, als diese Kontroversen anfingen. Ich habe zwei Geshes hier, mit denen ich studiere, und nutze die Gelegenheit, auch Sprachen zu lernen, die Möglichkeit hätte ich in Ganden nicht. Ich denke, daß ich bald wieder zurückkehre."

Der Streit, der auch ein Streit um die Reinheit von Lehren ist, konnte deshalb so eskalieren, weil eine ganze Generation heute verstorbener Lamas, an erster Stelle Kyabje Trijang Rinpoche und Kyabje Zong Rinpoche, Schüler von Phabongkha Rinpoche (1878–1941) waren. Dieser Tulku war ein charismatischer Lehrer im Kloster Sera, dessen geistliche Autorität der des 13. Dalai Lama gleichgekommen sein soll. Er wurde als Emanation der tantrischen Gottheit Heruka angesehen. Viele der Lehrer der heute lebenden Lamas bekamen von Phabongkha die Einweihung in die Lebenshingabe an Shugden als Yidam. Das ist, wie wir weiter oben gesehen haben, mit einem tantrischen Gelübde verbunden und schafft eine Situation absoluter Loyalität zwischen Lehrer und Schüler.

Der 13. Dalai Lama forderte Phabongkha Rinpoche auf, den Shugden-Kult in Verbindung mit der Lebenshingabe zu beenden. Das Nechung-Orakel hatte damals verkündet, daß die Blüte des Dharma wegen der Lehren Phabongkhas verkürzt werde – es sei verärgert über Phabongkha. Auch im heutigen Konflikt spielt Nechung offenbar eine Rolle. Es soll alte Rivalitäten zwischen Shugden und Nechung geben, zumal Shugden und nicht Nechung bei der Entscheidung zur Flucht des Dalai Lama 1959 bestimmend gewesen sein soll.

Das ist alles sehr verwirrend und für Laien schwer, wenn überhaupt durchschaubar. Wir hatten uns zu Hause keine Gedanken darüber gemacht, was das Verbot des Shugden-Kultes für gläubige Tibeter bedeuten kann. Auf der Rückfahrt von Gangtok machten wir einen Besuch in Kalimpong in Darjeeling und gerieten damit, ohne das vorher zu ahnen, in eine Hochburg der Anhänger des „teuflischen" Geistes Shugden:

An einem der letzten Regentage des Monsuns besuchten wir das kleine Kloster Thapa Choeling in Kalimpong. Wir wußten, daß sein inkarnierter Lama Tomo Geshe Rinpoche ein Shugden-Anhänger ist, der meist in Amerika lebt. Aber es gab da eine Statue von Shugden, die wir gerne sehen wollten. Sie sollte in einem Tempel hinter dem Kloster sein. Wir rannten im Regen durch zahlreiche Pfützen, fanden den kleinen Tempel und klopften aus einem noch kleineren, baufälligen Häuschen einen alten Mönch heraus. Er ließ uns in den Tempel ein und machte ohne große Fragen für uns eine Puja. Während er seine Gebete murmelte, dabei den Dorje durch die Luft wirbelte und mit der Glocke klingelte, blickten wir mit leichtem Schauder auf eine fast meterhohe Statue in der Mitte der Altarwand. Aber sie sah den Abbildungen des Shugden auf den Amuletten seiner Anhänger so gar nicht ähnlich – er wird darauf, wie Palden Lhamo, auf einem Pferd reitend abgebildet. Dieser hier aber sah ganz anders aus. Er saß in Meditationshaltung und hatte eher das Aussehen eines chinesischen Kaisers, mit einer Krone und einem langen Bart, der in drei langen Strähnen von der Oberlippe und dem Kinn bis auf die Brust herabhing.

Offensichtlich waren unsere Informationen falsch gewesen. Der Mönch erzählte uns, daß er vor 20 Jahren aus Tibet hierher gekommen sei und schon alles so vorgefunden habe, wie wir es jetzt sehen konnten. Die Statue war die des Königs Gesar von Ling. Dieser legendäre König, dessen Geschichte in einem monumentalen Epos aus dem 11. Jahrhundert verewigt wurde, wird hier als Dharmapala, als Beschützer des Dharma verehrt. In dem Tempel wird Mo gemacht und zwar mit Stäbchen, ähnlich den chinesischen Eßstäbchen, die eine Aufschrift tragen und an der Spitze eingekerbt sind. Sie stecken in einem Köcher. Dazu gehören auch zwei muschelförmige Steine, die man auf den Boden wirft. Zeigen beide Steine mit der glatten Innenseite nach oben, kann man Mo machen. Dann wird der Köcher geschüttelt, bis ein Stäbchen herausfällt. Die Deutung entnimmt der Lama dann seinem Orakelbuch, einem alten Blockdruck, den er uns zeigte. Die Statue Shugdens soll es übrigens doch dort geben, wie wir später hörten, war aber offensichtlich gut versteckt.

Jenes Shugden-Amulett hatten wir am Halse von Ola gesehen, einem jungen Mann, der unsere Kontaktperson in Kalimpong war. Wir baten ihn, uns etwas über seine Verbindung zu Shugden zu erzählen: „Meine Familie verehrt Shugden seit Generationen. Es gibt nicht weit von hier das Kloster Donkar, das älteste Gelug-Kloster in Kalimpong. Dort war bis vor einigen Jahren, bis zum Tod des Kuten, ein Orakel von Shugden. Meine Eltern haben Hunderte von Malen Shugden angerufen. Die Lamas kamen dazu etwa einmal im Monat ins Haus, nachdem sie den günstigen Tag astrologisch berechnet hatten. Sie beteten spezielle Mantras und machten Mo. Wenn der Geist dann in den Raum kam, dann änderte sich die Stimme des Kutens ganz plötzlich: Er sprach, als sei er am Ersticken.

„Wissen Sie, wieso das Orakel in Anwesenheit Shugdens so anders sprach?"

„Weil die Mörder des Lama Dragpa Gyaltsen, der sich nach seinem Tode als Shugden manifestierte, ihn auf sein Geheiß hin mit einem Schal erstickt haben, nachdem es ihnen nicht gelungen war, ihn mit Messern zu ermorden.

Ola erzählte weiter: „Wir bitten um Schutz und um Kraft, denn Shugden heißt ‚Kraft'. Auch um Intelligenz bitten wir, daß wir besser denken und handeln können, um Probleme zu lösen, aber niemals um Geld – das kommt dann von ganz allein. Man kann sagen, wir bitten um Führung, um Hilfe, um das Leben besser zu bestehen, und um Frieden. Jede Familie hier in den Hügeln, die zu den verschiedensten Stämmen gehören, hat ihre Schutzgottheit. Fast alle verehren Shugden. Fast alle sind sehr arm – und er hilft ihnen, er gibt ihnen Schutz, er tröstet sie. Wenn diese Gottheiten zornvoll auftreten, dann ist es eigentlich ein Zeichen ihrer Liebe. Denn wenn Menschen böse sind, dann ist es schwierig, sie zu ändern, und die Gottheit muß noch böser erscheinen, um sie zu erschrecken und zur Umkehr zu bringen. Es ist alles Liebe, nichts anderes.

Die Aufforderung des Dalai Lama, den Kult zu beenden, bringt uns in einen großen Konflikt. Ich verehre beide, Shugden und den Dalai Lama. Aber da sind noch andere Dinge im Spiel außer der Religion, die wir nicht durchschauen, die uns aber zweifeln lassen. Der Dalai Lama muß uns gute Gründe liefern, um Shugden nicht mehr zu verehren, denn sonst wird sich dieser Gott furchtbar an uns rächen."

Im Problem Shugden offenbart sich das mystische Antlitz Tibets in seiner ganzen Vielschichtigkeit, das verborgene Antlitz einer sehr, sehr alten asiatischen Kultur. Die ganze Affäre ist ein kompliziertes Gewebe, ausgehend von der Frage, ob ein Geist eine verehrungswürdige Schutzgottheit ist oder ein unheilvoller Geist minderen Ranges. Es ist aber auch, wie schon angedeutet, ein Streit um die Reinerhaltung der Lehren Tsongkhapas, vor allem im Gegensatz zu bestimmten Nyingma-Lehren des Dzogchen: Es geht dabei, kurz gesagt, um die Natur des Geistes und die Frage, inwieweit der Geist „leer von unabhängiger Existenz" ist oder nicht – und der 5. wie der 13. und der 14. Dalai Lama hatten Verbindungen zur Dzogchen-Praxis. Solchen Streit sieht der Dalai Lama – und er hat sicher sehr gute Gründe dafür – als Sektierertum an. Für uns undurchschaubare Rivalitäten zwischen verschiedenen Orakeln mögen neben anderen Dingen eine Rolle spielen. Das ist letzten Endes eine interne Angelegenheit der Tibeter. Sie hat aber, wie auch der Streit um die zwei Karmapas, einen erheblichen Einfluß auch auf die westlichen Buddhisten. Sie stehen vielfach vor einem Rätsel.

VI. Tulkus in moderner Zeit

1. Die Kritik der Laien am Tulkusystem

Ein Tulku repräsentiert die zur Reife gekommenen Möglichkeiten des Geistes: Jeder von uns hat sie als Anlage in sich, wir nennen das unsere Buddhanatur. Auch wenn sich das die meisten Laien nicht bewußt machen, so entwickelt sich daraus doch ein intimes Verhältnis zwischen ihnen und ihren Rinpoches. Sie identifizieren sich mit ihnen und verehren sie alle, gleich zu welcher Tradition sie gehören mögen. Wir haben dies sehr deutlich bei unseren jeweiligen tibetischen Begleitern sehen können: Sie traten auch hochrangigen Rinpoches respektvoll, aber irgendwie auch sehr selbstverständlich gegenüber. Es spielte dabei keine Rolle, ob sie der jeweils eigenen Schule angehörten oder nicht. Sie ließen sich segnen – und bezahlten dafür 100 Rupies.

Die Schätzungen, wie viele allgemein anerkannte Tulkus es heute gibt, gehen weit auseinander: Es mögen so um die 500 sein. Wenn Penor Rinpoche im Internet schreibt, daß er bereits mit zehn Jahren den ersten Tulku erkannt habe und seither Hunderte, dann zweifelt man natürlich nicht an seiner Fähigkeit, das zu tun, aber an dem Sinn des Ganzen. Auch Tai Situ Rinpoche hat in einem Interview (vgl. Jamgon Kongtrul Lodrö Taye 1997) schon vor Jahren gesagt, daß er wenigstens 100 Tulkus gefunden habe, und der Abt des Klosters Tsuphur in Tibet meinte 1992 in einem Interview, daß Tai Situ Rinpoche 1991 allein in Tibet 160 Tulkus gefunden und bestätigt habe: Sind das alles Bodhisattvas oder nicht doch eher Yangsis oder gar „falsche" Tulkus, die einen leergewordenen Platz besetzen?

Das enge Verhältnis zwischen Laien und Rinpoches ruft natürlich auch Kritik hervor. Fast alle tibetischen Laien, die wir befragt haben, meinten, daß es zu viele Tulkus gäbe und viele schlechte Tulkus. Wir sprachen darüber mit Pema Lhundup, dem Vizepräsidenten des Tibetan Youth Congress, der größten tibetischen politischen Organisation. Er war früher ein Lehrer, wie viele der politisch interessierten Tibeter, und sprach mit uns sehr offen über seine Ansichten zu dem tibetischen Tulkusystem. Diese Offenheit ist unter Tibetern durchaus nicht ungewöhnlich:

„Das ganze System hat in moderner Zeit – und ich sage das als junger Tibeter, der eine moderne Erziehung bekommen hat – weniger Bedeutung als früher. Es hilft uns nichts bei der Erreichung unserer politischen und sozialen Ziele. Früher hatten wir viele große Klöster mit so vielen Rinpoches, und selbst die Politiker haben sich viel mehr mit der Religion als mit Politik beschäftigt, ganz zu schweigen vom Volk. Und davon haben letzten Endes die Chinesen profitiert, denn das hat mit dazu beigetragen, daß Tibet besetzt werden konnte. In der Zukunft sollten wir realistischer denken und handeln und uns weniger in der religiösen Praxis verlieren. Insofern unterstütze ich das Tulkusystem überhaupt nicht. Es gibt auch heute wieder zu viele Rinpoches. Es sollte immer nur einige wenige geben, die besten, die sehr gut ausgebildet sein sollten.

Heute kommen zu unseren politischen Veranstaltungen verhältnismäßig wenige Leute. Aber wenn es eine religiöse Belehrung gibt, dann findet man keinen Platz mehr, selbst nicht zum Stehen. Die Verhaftung an die Religion ist unglaublich stark. Wenn Sie zu den alten Menschen, die noch in Tibet aufgewachsen sind, über Politik sprechen wollen, dann stoßen Sie auf totales Unverständnis. Die wissen gar nicht, was das ist. Sie haben nie gelernt, politisch zu denken. Aber über Religion können sie alle stundenlang reden. Die jungen Menschen sind da allerdings schon etwas wacher."

„Was werfen Sie den Rinpoches konkret vor?"
„Tulkus sind oft sehr reich. Sie erben das ganze Vermögen, das

dem Vorgänger gehörte. In Tibet waren sie sogar extrem reich, auch als Grundbesitzer. Wenn sie einen Tibeter heute um eine Spende für politische Zwecke bitten, dann bekommen sie 5 Rupien, aber dem Tulku geben sie ungefragt 100 Rupien. So werden die Rinpoches auch im Exil automatisch reich: Die Leute bezahlen 100 Rupien nur für den Segen des Rinpoche, obwohl es fraglich ist, ob der Segen ihnen hilft, wenn sie sonst nichts weiter tun.

Viele Tulkus haben Anhänger im Westen. Viele haben die Robe ausgezogen und geheiratet, nachdem sie nach Europa gegangen sind. Sie genießen dort den ganzen Luxus dieser Welt. Zahlen gibt es natürlich nicht, wir wissen nicht einmal, wie viele Tulkus es hier bei uns gibt. Viele der Lamas im Westen – ich habe das selbst gesehen – trinken Wein. Sie sagen, daß sie ohne ein Glas Wein vor dem Schlafengehen einfach nicht schlafen können. Das ist unglaublich.

Die Europäer haben viele Tulkus verdorben. Denken Sie nur an Trijang Rinpoche. Seine Reinkarnation lebt nun in der Schweiz und ist total verwöhnt. Er sieht Videos, er schwimmt, treibt Sport ...“

„Also für uns ist das überhaupt kein Luxus, Pema-la!“

„Das mag schon sein. Aber er sollte alle seine Zeit auf sein Studium verwenden, das ist meine Meinung. Indien ist der beste Platz, um junge Tulkus zu erziehen. Die Disziplin ist hier besser, und es gibt viele Geshes, die sie gut ausbilden. Aber das ist im Westen schwer durchführbar. Es gibt zu viele Ablenkungen.“

„Was halten Sie davon, daß so viele Gelder aus dem Ausland in die Klöster fließen anstatt in Waisenheime, Altersheime und ähnlich soziale Einrichtungen?“

„Ja, es gibt leider nur wenige Westler, die so etwas unterstützen. Viele Buddhisten im Ausland, auch in Asien, geben lieber den Klöstern Geld. Wir können das nicht ändern. Diese Leute haben einen blinden Glauben an den Buddhismus, auch wenn sie wenig davon verstehen. Sie suchen Schutz bei den Lamas vor allen Problemen, mit denen sie leben müssen.“

*„Haben Sie eine Vorstellung, was mit dem früheren Grundbesitz
der Klöster geschehen soll, wenn Tibet autonom würde?"*

„Wir wollen ein neues und ein besseres, demokratisches System in Tibet aufbauen. Die großen Grundeigentümer wird es
nicht mehr geben. Sie haben keinen Platz mehr in diesem System.
Wir versuchen, unsere Leute an demokratisches Denken zu ge-
wöhnen. In Tibet gab es bis zuletzt die Leibeigenschaft, das darf
nicht wieder kommen. Nur deshalb konnten die Chinesen sagen,
daß sie den Tibetern die Freiheit gebracht haben."

Es gibt viele Stimmen dieser Art, vor allem in Dharamsala, wo es
einerseits viele gut ausgebildete junge Leute gibt, andererseits die
Verehrung der Rinpoches besonders unter Westlern manchmal
seltsame Blüten treibt. Ngawang Lhamo ist ein Mitglied des tibetischen Exilparlamentes, sie gehört zu den zehn Mitgliedern des
„Ständigen Ausschusses" (Working Committee) und war vorher
Präsidentin des tibetischen Frauenverbandes. Sie ist sozial enga-
giert, und so richtet sich ihre Kritik denn auch vor allem gegen die
mangelnde Bereitschaft vor allem der inkarnierten Lamas der
Klöster, soziale Verantwortung für die Gemeinschaft der Tibeter
im Exil zu übernehmen. Ihre Kritik wird, wie wir von früheren
Besuchen in den tibetischen Siedlungen längs des Himalaja und
in Südindien wissen, von den dort Verantwortlichen durchaus
geteilt.

*„Frau Ngawang Lhamo, was ist Ihre Meinung zu dem tibetischen
Tulkusystem, so wie es heute existiert?"*

„Die Tulkus haben eine sehr spezifische Rolle in unserer Tradition gehabt. Damals in Tibet gab es noch keine Schulbildung für
alle, so daß die Klöster, deren spirituelles Oberhaupt immer ein
Tulku war, besonders in dieser Hinsicht eine große Bedeutung gehabt haben. Die Tulkus waren so eine Art Erzieher oder Lehrer für
das Volk.

Ich war früher Lehrerin, und nach meiner Erfahrung ist die Men-
talität der Tibeter etwas anders als die westliche. Wenn ich den älteren Schülern und ihren Eltern gesagt habe, daß die Kinder beispielsweise auch Sport machen müssen, dann haben sie nur ge-

lacht und nicht darauf gehört. Wenn die gleiche Ermahnung aber von einem Tulku käme, dann wäre das plötzlich ganz anders. Doch leider kümmern sich die Rinpoches nicht um so banale Dinge.

In Tibet waren schlechte Tulkus eine Ausnahme. Heute ist das anders. Wir haben deshalb auch nicht mehr so großen Respekt vor einem Rinpoche. Wir sehen ihn heute unter dem Aspekt, was er in sozialer Hinsicht tut, ob er nützlich für die Menschen nicht nur in religiöser Hinsicht ist. Er soll ein Vorbild sein. Menschen, die praktisch etwas für ihre Mitmenschen tun, respektieren wir heute eher als einen Rinpoche. Religion ist in unserer Kultur Teil unseres Lebens. Tulkus sind ein wichtiger Teil der Religion, und wir glauben an die hohen Lamas. Aber es gibt heute zu viele Rinpoches, und die meisten haben nur eine Bedeutung für ihre eigene Gruppe, für ihre Klöster."

„Ich verstehe das sehr wohl, aber ich muß auch sagen, daß die jungen Tulkus, die wir interviewt haben, uns doch sehr beeindruckt haben: ihre Disziplin, ihre Intelligenz, ihre Bereitschaft zu dienen: Gibt es da nicht Hoffnung für die Zukunft?"

„Das stimmt vielleicht für die ganz hohen Lamas, aber stimmt es auch für die vielen anderen? Und die normalen Mönche und Nonnen? Wir haben versucht, die Nonnen zu überreden, sich wie ihre christlichen Schwestern sozial zu engagieren, Krankenschwestern oder Hebammen zu werden, Alte und Kinder zu betreuen – bisher ohne großen Erfolg, obwohl Seine Heiligkeit derselben Meinung ist. Genauso sollten die großen Rinpoches, die so viel Geld haben, Krankenhäuser bauen, Schulen und Altersheime, das muß man heute von ihnen erwarten.

Die Klöster im Exil sind heute wieder so wunderbar, riesige Statuen, Holzarbeiten, Fresken, alles ist vergoldet, geschnitzt, bemalt. Das Geld ist alles dahinein gegangen, nichts ist geblieben für die Armen, Alten und Kranken, für die Kinder. Sie geben nichts. Wo ist da soziale Verantwortung? Verantwortung für die tibetische Gemeinschaft?"

„Wie steht es heute mit den jungen tibetischen Mädchen? Denken sie sehr traditionell? Oder sind sie gespalten, so wie sie im

Büro ihre traditionelle Kleidung tragen und nach Büroschluß in Jeans herumlaufen?"

„Das hängt von ihrer Familie ab und davon, wo sie leben. In den Siedlungen sind sie sicher sehr mit der Religion, dem lokalen Kloster und deren Tulkus verbunden. Die Lamas geben den Kindern einen Namen, sie segnen die Leute, und sie machen Mo, wann immer man sie darum bittet. Und sie lassen sich das alles bezahlen.

Anders ist es in den größeren Orten wie hier. Die Mädchen gehen nicht sehr oft zum Lama. Sie gehen nur, wenn Seine Heiligkeit oder ein hoher Lama Belehrungen gibt. Das gilt für alle jüngeren Leute, aber auch für die mittlere Generation. Wir verstehen auch nicht mehr so recht, was nun der wirkliche Sinn der Belehrungen ist, was der Lama eigentlich sagen will. Er spricht in einer Sprache, die wir nicht mehr verstehen."

Jede Medaille hat also zwei Seiten. Offensichtlich stoßen sich die Kritiker nicht so sehr an der Existenz der Tulkus als solcher, sondern daran, daß es zu viele Tulkus gibt und daß die Klöster, in denen die Tulkus das Sagen haben, einen immensen Zufluß an Geldern aus dem Westen haben, den sie nicht mit den Tibetern außerhalb der Klöster teilen mögen.

Die einfachen Tibeter leben häufig am Rande des Existenzminimums. Jedes Kind bekommt zwar heute eine Schulausbildung, aber danach ist dann für den, der keinen Sponsor findet, um ihm ein Studium zu finanzieren, auch Schluß. In Südindien sind nach Auskunft des Tibetan Youth Congress etwa 10 000 Jugendliche arbeitslos, und die Zahl derer, die zu Drogen greifen oder sogar Drogenhandel betreiben, nimmt in den letzten zwei bis drei Jahren ständig zu. Die Exilregierung hat es schlicht und einfach versäumt, rechtzeitig Ausbildungsstätten für eine handwerkliche Ausbildung zu schaffen. In Tibet gehörte auch das zu den Aufgaben der Klöster. Heute nehmen sie indische Handwerker ebenso wie indische Feldarbeiter. Hier gibt es große Probleme, die aber nicht zu unserem eigentlichen Thema gehören.

2. Traditionelle Lehre und neue Medien

Jüngere Tulkus, wie Tulku Ngedon sehen das traditionelle Tulku-system ebenfalls durchaus kritisch, vor allem in bezug auf Studium und Lehre:

Tulku Ngedon, Kloster Namdroling

„Die neuen Möglichkeiten des Tones und der visuellen Aufzeichnung sind bei uns bisher überhaupt nicht erforscht oder gar genutzt worden", meinte der Rinpoche, „es gibt sie, aber niemand will sie wirklich nutzen.

Ich gebe Ihnen ein Beispiel, an dem ich gerade arbeite. Der Buddha gab seine Belehrungen, aber er war absolut dagegen, sie aufzuschreiben. Nach 500 Jahren sagte man, o.k. wir beginnen zu vergessen, warum schreiben wir nicht alles auf? Das war ein großer Wechsel, der Wechsel von der rein mündlichen Übertragung auf ein gedrucktes Medium. Aber über 2000 Jahre hinweg

165

hat sich dann nichts mehr geändert. Man machte vielleicht einen Index zu einem Buch, einen Anhang, aber das Buch blieb so, wie es war.

Wenn Sie meditieren und darüber schreiben wollen, dann ist das sehr leicht, weil alle Worte da sind, um Ihren Geisteszustand wiederzugeben. Aber Sie können das auch in Tönen wiedergeben und in dreidimensionalen Graphiken. Wenn Sie zum Beispiel über eine bestimmte Puja meditieren wollen, dann gibt Ihnen jemand einen bestimmten Text, so viele Zeilen, so hoch, so breit, aber niemand gibt Ihnen ein Bild und sagt, das ist das Mandala, über das Sie meditieren sollen. Diese bestimmte Belehrung wurde niemals visuell übersetzt.

Wir versuchen hier, dreidimensionale Mandalas mit dem Computer zu schaffen, das ist unser ‚Khenlop Choesum Drama Project', das wir englisch untertiteln. Diese Arbeit ist sehr verzwickt und auch gefährlich, denn Sie müssen die Essenz dieser bestimmten Lehre in ein anderes Medium übertragen, ohne sie zu verlieren. Wenn Sie Shakespeare ins Deutsche übersetzen, verlieren Sie auch etwas, aber es mag minimal bleiben.

Wir nehmen eine Lehre und gehen sie durch, visualisieren, wie das Mandala sein müßte. Wir konstruieren ein dreidimensionales Mandala im Computer und machen es so, daß man in dem Mandala spazierengehen kann. Es ist für jeden, der es sieht, das gleiche Bild. Aber wenn ich ein Mandala mit Worten beschreibe, dann hat jeder ein anderes Bild vor Augen."

„Kann es nicht sein, daß es für jeden richtig ist, wie er es sieht?"
„Ja, ich weiß nicht. Also wenn Sie eine bestimmte Lehre haben, werden Sie von Ihrem Lehrer geleitet. Es ist nicht so, daß jeder etwas anderes sehen darf. Wenn Sie über Tara meditieren wollen, erkläre ich Ihnen, was Sie sehen sollen, die Abmessungen des Mandalas und alles andere. Dann gehen Sie in die Meditation und sagen mir nachher: ‚Ich kann mir nicht vorstellen, wie das Dach des Mandala aussieht.' Und der Lehrer sagt Ihnen ganz genau, wie das Dach aussieht. Das alles ist ganz genau von Lehrer zu Schüler in einer langen Übertragungslinie immer weiter überliefert worden, jedes winzige Detail."

166

*„Gibt es nicht die Möglichkeit, daß in Hunderten von Jahren je-
mand etwas unwillentlich verändert hat?"*

„Sicher ist das möglich. Aber gerade deshalb heißt es in den
Texten, daß man seinen Lehrer sehr, sehr genau prüfen muß, das
darf bis zu neun Jahren dauern, es gibt dafür eine zeitliche Be-
grenzung. Man geht nicht einfach zu jemandem und sagt: Gib mir
diese Lehre.

In diesem Kloster werden buddhistische Texte seit 25, 30 Jahren studiert. Wir kennen die Texte von innen und außen und können ein Mandala visualisieren, so gut wie eben möglich. Natürlich haben wir die Belehrungen erst einmal selbst bekommen.
Seit zehn Jahren lernen wir, dreidimensionale Graphiken herzu-
stellen und diese Visualisation auf einem Video festzuhalten. Sie
brauchen nun nicht mehr zu dem Guru gehen und ihm erklären,
was Sie in der Meditation nicht schaffen. Sie sitzen einfach da,
und der Guru, den Sie natürlich immer noch genauso wie früher
brauchen, zeigt Ihnen das dreidimensionale Mandala im Computer vor Ihnen. Und Sie machen alles beim ersten Mal richtig. Das
ist der Unterschied.

Es gibt Lehren, die niemand sehen darf, der nicht eingeweiht ist.
Wahrscheinlich könnten Sie ohnehin ihre Bedeutung und Meinung nicht verstehen. Nur der Guru kann die Texte entziffern.
Man hat sich seinerzeit regelrecht bemüht, ihre wahre Bedeutung
zu verschleiern, sie doppeldeutig zu machen. Speziell die Nying-
mas sind an tantrische Gelübde gebunden, niemand anderem die
Texte zu erklären. Sie haben so Tausende von Jahren überdauert.

Was wir hier machen, wird nie öffentlich werden. Es wird nur
von den höchsten Lamas benutzt werden, welche die Einweihungen
haben. Manchmal mache ich ein Mandala, von dem ich genau
weiß, daß es in den nächsten 100 Jahren nur zehn oder zwanzig
Personen sehen werden, weil alle anderen nicht befugt sind, es zu
sehen."

*„Können Sie sich vorstellen, daß Sie dieses Kloster verlassen und
irgendwo anders hingehen? In den Westen?"*

„Oh ja, das ist hier das große Problem. Ich bin in der Schweiz
zur Schule gegangen. Ich habe elf Jahre hier im Kloster die Texte

studiert und weiß eine ganze Menge darüber. Meine Sicht der Dinge ist sehr verschieden von jemand, der nur im Kloster aufgewachsen ist. Wenn die Tulkus hier fertig studiert haben, gehen sie als Lehrer weg, auch in den Westen, nach Amerika, nach Taiwan. Es gibt erheblichen Druck auf meinen Bruder und mich, dasselbe zu tun. Wir beide wissen, daß es unsere Pflicht ist gemäß der alten Tradition, den Dharma zu lehren, aber es würde weit besser sein, hierzubleiben und unsere Fähigkeiten zu nutzen, um das Kloster für die moderne Welt zu öffnen. Aber 90% der Leute hier verstehen nicht, woran ich arbeite. Was ich mache, gibt es ganz einfach in der Tradition nicht.

Die Tradition ist eine rein tibetische. Wenn sie in den Westen transferiert wird, müssen buddhistisches und westliches Denken aufeinander abgestimmt werden, um sich gegenseitig verstehen zu können. In dieser Phase sind wir jetzt. Vorher haben die Leute im Westen gesagt, ja, es ist eine andere Kultur, wir müssen uns den Lehren und dem Lehrer anpassen. Jetzt sagen sie, die Tibeter sollen sich an unser Denken anpassen. Und sie haben recht. Wir hatten das Problem mit Lehrern, die nach Amerika gegangen sind. Sie lehrten sehr seltsam. Sie wissen, wie man auf tibetisch lehrt, sie waren wirklich sehr gute Lehrer. Man fragt sie etwas und sie werden Ihnen zehn oder zwanzig Zitate aus verschiedenen Büchern geben, sie können alles auswendig, sie haben alles im Kopf. Aber wenn Sie von so einem Lehrer verlangen, daß er sich auf westliches Denken einlassen soll, ja, dann weiß er einfach nicht, wie westliches Denken funktioniert, er war dem nie ausgesetzt. Eigentlich müßte er fünf Jahre lang sein Mönchsein aufgeben, einfach ein normaler Mensch im Westen werden. Und erst danach könnte er lehren. Aber nach fünf Jahren hat er auch vergessen, daß er ein Mönch ist!"

Wir haben auch andere Tulkus getroffen, die um die dreißig Jahre alt sind und der Moderne durchaus aufgeschlossen gegenüberstehen. Alle beklagten mehr oder weniger deutlich, daß ihre Umgebung vom gewohnten Denken nicht ablassen mag. In anderen Bereichen wie der Medizin oder der Politik gibt es aber bei den Tibetern durchaus ähnliche Probleme, ich habe das bei der Zusammenarbeit mit jungen Geshes vom Gesundheitskomitee in Sera miterleben können. Wie nahe auch bei diesen engagierten Mönchen modernes und traditionelles Denken beieinander liegen, hat uns einer von ihnen einmal vor Augen geführt: Wir gingen spazieren und redeten über seine Probleme, als er nebenbei sagte: „Paß auf, tritt nicht in die Pfütze." „Nein, aber wieso sagst Du das?" „Oh, die Nagas, die Wassergeister leben darin. Man darf sie nicht belästigen."

Typisch war die Antwort von Ngor Luding Khenpo (Dehra Dun) auf die Frage, was sich in der Erziehung und der Ausbildung von Tulkus im Vergleich zu früher geändert habe: „Ich glaube, da gibt es keine großen Unterschiede. Natürlich lernen sie jetzt auch Englisch, aber ansonsten hat sich nichts Wesentliches geändert." Leider, möchte man hinzufügen, hat sich wirklich nichts geändert. Dazu gehört auch das Erlernen der Fähigkeit, komplizierte Lehren relativ einfach auszudrücken. Die Verbreitung des Dharma im Westen würde durch einen modernen Lehr- und Lernstil sehr gefördert: Massimo Stordi hat weiter oben auf die so häufigen Belastungen der Lehrer-Schüler-Beziehung in westlichen Zentren hingewiesen. Sie haben ihre Wurzeln vielleicht auch in dem traditionellen Lehrstil der tibetischen Lehrer, die meist der Landessprache nicht mächtig sind und, so sagt man, nicht selten keine Abweichung von der traditionellen Linie dulden.

Die jungen Tulkus machen da keine Ausnahme. Wir haben alle Interviewpartner gefragt, wie sie sich ihre weitere Ausbildung vorstellen, welches Ziel sie haben, ob sie im Westen lehren wollen. Die Antworten waren stereotyp dieselben, daß sie ihr Geshestudium abschließen wollen, daß sie ihrem Vorgänger nacheifern und in den Westen gehen wollen, wenn Seine Heiligkeit das wünscht, oder – in bezug auf das Interesse an westlichen Wissenschaften – daß sie dazu keine Zeit hätten oder noch nicht daran dächten. Wenn der Dalai Lama immer wieder einen Dialog mit westlichen Wissenschaften fordert, dann werden die Fundamente hierfür ganz sicher nicht in den Klöstern geschaffen.

Das ist wahrscheinlich auch gar nicht ihre Aufgabe. Es wäre unsinnig zu fordern, die traditionellen Formen der Geistesschulung generell über Bord zu werfen, aber eine Auseinandersetzung wenigstens einer kleinen Elite mit den Grundlagen westlichen Denkens wäre sicher wünschenswert – wenn man denn Lehrer dafür findet. Und es wäre auch falsch zu lamentieren, daß sich die Klöster generell den modernen Informationstechniken verschließen, denn es gibt heute in den Klosteruniversitäten aller Traditionen auch Computerabteilungen, in denen die alten Blockdrucke in Computer eingegeben, elektronisch archiviert und teilweise auch in westliche Sprachen übersetzt werden.

Bis jetzt haben nur wenige der jungen Rinpoches einen eigenen Computer, mit dem sie gewöhnlich Sprachen lernen. Sie finden, daß die traditionelle Art des Auswendiglernens besser sei, weil das Gelernte so besser im Geiste haften bleibe. Das Beispiel von Tulku Ngedon, vom dem wir hier und da erzählt haben, fanden sie zwar interessant, aber nicht geradezu nachahmenswert. Aber alle waren sich darin einig, daß die Zukunft des Buddhismus im Westen entschieden wird und daß dort viele gute Dharmalehrer gebraucht werden. Die Frage ist nur – und darauf haben wir nirgends eine Antwort bekommen –, welche Ausbildung diese Lehrer haben sollten, um mit ihren Schülern, die einen so andersartigen kulturellen Hintergrund haben, kommunizieren zu können.

Den Weg nach Westen halten die jungen Tulkus, mit denen wir gesprochen haben, für selbstverständlich, aber kaum einer denkt im Moment ernsthaft daran, nach Tibet zurückzugehen. Jeder Rinpoche wäre sicher bereit zur Rückkehr, wenn der Dalai Lama das so verfügt, aber derzeit sei kein Nutzen davon zu erwarten, sagen sie. Dabei bestehen durchaus Kontakte der Lamas zu ihren Klöstern in Tibet, das wird ja in vielen Interviews deutlich. Aber neben rein visatechnischen Gründen ist die immer noch fehlende Religionsfreiheit in Tibet und das heißt mit anderen Worten die ständige Überwachung aus Indien eingereister Tulkus der Hauptgrund, eine Rückkehr nicht anzustreben, ja sie für sinn- und nutzlos zu halten.

3. Das Selbstverständnis der Tulkus

Die jungen Tulkus werden von klein auf umsorgt, lernen von ihrer Inthronisation an zu repräsentieren und empfinden den Respekt, der ihnen entgegengebracht wird, als etwas ganz Natürliches. Sie wissen, daß er ihrer ganzen Linie gilt, der geistigen Kraft, die sich über viele Inkarnationen in ihnen angesammelt hat, und daß sie, wie es Demo Choktrul Rinpoche (Drepung) formulierte, ihr Bestes geben müssen, um den erleuchteten Meistern am Beginn ihrer Linie nachzuleben: Der Rinpoche sieht das Tulku-System als Bestandteil der tibetischen Kultur an, durch das früher wie heute die Botschaft des Buddha vermittelt wird, auch wenn es heute viel mehr gut ausgebildete Geshes als früher gebe. Und auch alle anderen Rinpoches, die wir fragten, sprachen sich für den Erhalt des Systems auch in Zukunft aus, wenn und solange es allen Wesen helfe, ihre Buddhanatur zu entwickeln.

Alle sind sich bewußt, privilegiert zu sein, stimmen aber darin überein, daß die verschiedenen Ränge innerhalb des Systems heute keine besondere Bedeutung mehr haben. Tenzing Bhuchung Tulku (Sera) verneinte sehr bescheiden – wie andere Tulkus auch –, daß er als Tulku etwas Besonderes sei, und sagte: „Jedenfalls fühle ich mich sozial gesehen, in bezug auf die anderen Mönche, nicht irgendwie hervorgehoben. Manchmal habe ich sehr seltsame und klare Träume, Tulkus haben das öfters – sonst gibt es eigentlich nichts Besonderes. Manche Tulkus hatten berühmte Vorgänger, aber der Tulku bleibt sein Leben lang unauffällig, und umgekehrt. Manche sind sehr schlechte Studenten, aber können gute Einweihungen geben. Aber das können auch Lamas, die keine Tulkus sind. Die Gelugpas meinen, daß jeder Mönch, nicht nur ein Tulku, ein berühmter und qualifizierter Lehrer werden kann. Sie sind dann Lamas, Vermitttler des Dharma. Man ist also als Tulku nicht von vornherein etwas Besonderes, man ist allenfalls immer ein Lama."

„Sie hatten bis zu Ihrer Flucht keine sehr gute Ausbildung: War es schwer für Sie hier am Anfang?"

„Nein, es war ganz leicht. Ich glaube, es sind die Verdienste meines Vorgängers, die es mir so leicht gemacht haben. Das nennt man Bagchag, geistige Eindrücke, und hat etwas mit dem Bewußtseinsstrom zu tun, dem Namshe."

Dagri Tulku,
Kloster Sera Jhe

Dagri Tulku ist 1958 in Tibet geboren worden und dort in den schrecklichen Jahren der Kulturrevolution zwischen 1966 und 1976 aufgewachsen. Nach seiner Flucht 1982 hat er das gesamte Philosophiestudium in nur 17 Jahren absolviert und 1999 mit dem Titel eines Geshe Lharampa abgeschlossen. Dabei hatte er, wie das nur für sehr ranghohe Tulkus möglich ist, einen Bonus: Er konnte sich zwei Jahre früher als die normalen Mönche zur Prüfung anmelden. Der Rinpoche weiß, was es heißt, ein Tulku im heutigen Tibet zu sein – im Vergleich zum Leben der Tulkus in Indien. Seine Geschichte zeigt m. E., daß ein Tulku auch unter widrigen Umständen seiner Bestimmung, anderen zu dienen und Vorbild zu sein, treu bleiben kann:

„Ich konnte nach meiner Auffindung nicht in mein Kloster gehen, weil es bald danach von den Chinesen zerstört worden war. Ich blieb zu Hause, und mein Vater und der Sölpon (Betreuer) meines Vorgängers brachten mir Tibetisch bei, Lesen, Schreiben, Rechnen. Später bin ich auf eine normale Volksschule gegangen und mußte auch Kühe und Schafe hüten, bis ich 15 Jahre alt war. Danach begannen die Chinesen in der Nähe ein Projekt, um Kohle in einem Berg abzubauen. Ich kam in ein Lager und mußte zehn Jahre lang Zwangsarbeit machen: Viele Tibeter sind dort gestorben. Die meisten waren Analphabeten, aber sie wußten, daß ich die Reinkarnation des Dagri Tulku war, der in dieser Gegend sehr bekannt gewesen ist, und hatten deshalb großes Vertrauen zu mir. Ich bin ihr Lehrer geworden und habe ihnen abends nach der Arbeit Lesen und Schreiben beigebracht. Später habe ich in dem Lager als Buchhalter gearbeitet, weil ich inzwischen Chinesisch gelernt hatte, schreiben und rechnen konnte. Im Ganzen waren es sehr harte, sehr schwierige Jahre."

„Waren Sie damals schon ein Mönch?"
„Nein, ich war zwar ein Tulku, aber kein Mönch: Ich hatte erst nach fünf Jahren im Lager die Chance, einmal nach Lhasa zu kommen. Dort gab es noch viele ältere Mönche, die nicht mehr in ihren Klöstern sein konnten, und ich habe heimlich den ehemaligen Abt von Sera Jhe getroffen, der mir die ersten Weihen gegeben hat, die Tonsur. Novize bin ich erst nach meiner Flucht geworden.

Nach dem Wechsel der chinesischen Politik Anfang der 80er Jahre kamen alte Mönche aus dem Kloster Sera zu mir und baten mich, nach Indien zu gehen, weil es in Tibet für mich keine Möglichkeit gab zu studieren. Ich bekam auch Briefe aus Sera in Indien: Mein Vorgänger sei doch so berühmt gewesen, und ich als der jetzige Tulku solle meine Ausbildung in Indien bekommen. Viele Leute haben dann Geld für mich zusammengetragen. Es war sehr schwierig, einen Paß zu bekommen, und ich mußte im ganzen zwei Jahre auf meine Ausreise warten."

„Haben Sie das Gefühl, daß es leichter für Sie war, zu lernen und Verständnis für die Texte zu entwickeln, weil Sie in dem Bewußtseinsstrom von vielen Gelehrten leben?"
„Ich denke, es ist ganz natürlich, daß manche Menschen intelligenter sind als andere. Ich weiß nicht, ob das mit dem Namshe zusammenhängt. Natürlich, ich denke, Namshe ist ja auch mehr oder weniger eine Tendenz oder besser Potenz, wie ein Samen – aber meine Lehrer haben gesagt, daß ich mein Studium schneller geschafft habe, als das normalerweise zu erwarten war. Jedenfalls auch in Anbetracht meiner Lebensgeschichte, denn ich hatte ja überhaupt keine Grundausbildung."

„Würden Sie nach Tibet als Dharma-Lehrer zurückgehen?"
„Das hängt von der politischen Situation ab. Ich würde gern gehen, aber ich würde keine Erlaubnis bekommen, dort zu bleiben. Ich bin zu bekannt, es würde auch niemandem guttun oder helfen."

„Ist Ihr Kloster wiederaufgebaut worden?"
„Teilweise ja, es ist in der Nähe von Lhasa. Ich habe immer noch viele Kontakte zu meinen Mönchen und berate sie. Einige kommen öfter her, ich bin für sie immer noch ihr inkarnierter Lama."

„Welches Bild haben Sie von sich selbst als Tulku? Denken Sie, daß Sie einmal soweit fortgeschritten sein werden, zu bestimmen, wo Sie wiedergeboren werden und wann?"
„Wenn nicht, dann bin ich nur ein Yangsi. Man meint damit einen Tulku, der nicht die Macht hat, über seine Wiedergeburt bestimmen zu können. Das hängt letztlich von der spirituellen Entwicklung ab, die ich bis dahin erreicht haben werde. Von meinen eigenen Bemühungen, die Verblendung, die Unwissenheit zu überwinden, nicht von dem Bewußtseinsstrom, in dem ich lebe. Er verbindet das, was vor einer Stunde war, was in der Kindheit, im vergangenen Leben war, und besteht aus vielen, vielen einzel-

nen Samen: Es hängt von den Bemühungen des Einzelnen ab, ob sie aufgehen: Sie müssen andauernd gepflegt werden. Ich werde nicht automatisch erleuchtet, nur weil ich ein Tulku bin, der in dieser spirituellen Kontinuität lebt."

Offensichtlich möchte niemand das Tulkusystem ganz abschaffen, darin sind sich selbst die Kritiker mit den Mönchen einig, und die meisten Tibeter werden Goshir Gyaltsab Rinpoches (Rumtek) Meinung zustimmen: „Wissen Sie", schloß er kurz und bündig, wie es seine Art ist, unser Interview mit ihm ab, „die Rinpoches sind in der Vergangenheit von ungemeinem Nutzen nicht nur für die Tibeter gewesen, sondern für das Wohlergehen aller Lebewesen. Natürlich hat es immer auch einige schlechte Tulkus gegeben, die kein gutes Beispiel für die anderen Menschen waren, heute wie früher. Aber ich denke schon, daß sich das System bewährt hat und erhalten werden sollte. Es hat auch nichts mit Glauben und Tradition zu tun, denn die Signale, die ein verstorbener Lama in bezug auf seine Wiederkehr und für das Auffinden seiner Reinkarnation gibt, sind Fakten, klar, beweisbar und nachprüfbar."

Es bleibt die Frage, ob denn die Tulkus in ihrer Funktion als Lehrer nicht durch die vielen gut ausgebildeten Geshes, die es heute im Gegensatz zu früheren Zeiten gibt, ersetzt werden können. Thamthog Tulku (Mailand) ist ein Geshe Lharampa und war 35 Jahre alt, als er vor etwa 15 Jahren in den Westen kam. Wir wollten von dem Rinpoche wissen, wer denn nun nach seiner Ansicht nützlicher bei der Verbreitung des Dharma im Westen sei – Geshes oder Tulkus:

„Ich glaube, es gibt viele Tulkus, die schlecht sind. Sie rauchen, sie sind verheiratet, sie tun schlechte Dinge – sie sind nicht viel wert. Sie tragen nur den Namen eines Tulkus. Aber für die Verbreitung der Lehre ist ein Rinpoche besser als ein Geshe, vorausgesetzt, daß er den gleichen Wissensstandard hat. Er muß also ein Geshe Lharampa sein. Als Rinpoche hat er eine andere Erziehung gehabt, er denkt ganz anders, er spricht anders – es ist eine Frage der Energie, die von ihm ausgeht. Viele meiner Schüler sagen mir, es sei für sie ein großer Unterschied, ob ein Geshe oder ein Rinpoche ihnen Belehrungen gibt."

Der Dalai Lama hat früher mehrfach gesagt, daß er gewöhnlich in der Lehre einen Geshe vorziehe, er sei besser als ein Tulku. Ich weiß nicht, ob er das heute noch sagen würde, denn inzwischen absolvieren die Tulkus aller vier Schulen das gesamte traditionelle Studium. Ist es diese schwer faßbare Qualität – Thamthog Tulku nennt sie Energie, Tenzin Bhuchung Tulku spricht von den Verdiensten der Vorgänger, die ein Tulku als karmische Prägungen in seinem Geist bewahrt –, die einen Tulku, der auch ein Geshe ist, von einem „normalen" Geshe unterscheidet?

Aber wenn die Tulkus nicht mehr im Zusammenhang der uralten Traditionslinien stehen, dann sind sie, wie es Ngawang Tenzing Gyatso (Darjeeling) – der kein Tulku ist – schon in anderem Zusammenhang formulierte, nutzlos: „Ich habe Ihnen vorhin von Taktsang Tulku und Tomo Rinpoche erzählt, die durch ihre langjährige Gefangenschaft bei den Chinesen aus der lebendigen Überlieferung des tantrischen Wissens gerissen und damit nutzlos für die Lehre geworden waren. Das ist aber genauso bei Tulkus, die als Kind nicht die Ausbildung bekommen haben, die jeder Tulku braucht, wenn er seine Aufgabe später erfüllen will, den Dharma in seiner reinen Form weiterzugeben. Er ist dann nicht nur für die Lehre nutzlos, sondern auch für sein Kloster. Er ist nicht mehr als ein Symbol.

Aber das hat es in diesem Tulkusystem immer gegeben: In einem Leben ist ein Tulku sehr aktiv, in einem nächsten ist er ohne Bedeutung. Aber wenn Tulkus einmal die richtige Erziehung und Ausbildung bekommen haben, wenn sie gelernt haben, daß es der Sinn ihres Lebens ist zu dienen, dann spielt es später keine Rolle mehr, ob sie die Robe ausziehen oder nicht. Das ist das ganze Geheimnis eines Tulkus. Die Robe sagt gar nichts über die Bedeutung eines Tulkus. Es ist wie eine Uniform, die man eben in einem Kloster tragen muß – und die Gläubigen wollen ihre Tulkus nun einmal in einer Robe sehen."

Wie dem auch sei, die Tulkus mögen nicht mehr unbedingt das Rückgrat der Lehre sein. Aber sie sind die Träger der Tradition und damit der Identität der Tibeter. Das politische System Tibets mag verrottet gewesen sein, und die Lamas haben sich hin und wieder gegenseitig umgebracht. Das alles ist wahr, aber es ist nicht entscheidend. Entscheidend ist allein das Wissen um eine andere geistige Realität, die wir im Westen zuallermeist leugnen: Das tantrische Wissen ist ein Geheimnis, und die Träger dieses Geheimnisses sind die Tulkus. Wir brauchen sie als Vorbilder und als Helfer, wenn wir denn unseren Geist, unsere Buddhanatur entwickeln wollen. Sie personifizieren das Ziel dieses langen und mühseligen Weges: die Erleuchtung.

Danksagung

Ich danke Seiner Heiligkeit dem Dalai Lama, der mich zur Durchführung meines Planes ermutigt hat. Viele einzelne Personen haben Kontakte geschaffen oder wertvolle Hinweise gegeben. Stellvertretend für viele nenne ich hier Geshe Thubten Ngawang und Oliver Petersen vom tibetischen Zentrum in Hamburg, Helmut Gassner vom Kloster Tashi Rabten in Feldkirch, Frau Tsering Yangkey vom Department for Religious und Cultural Affairs in Dharamsala, Ringu Tulku und die Mitglieder seiner Familie in Gangtok und in Dehra Dun, Frau Rosi Findeisen in Hamburg sowie Geshe Thubten Gyaffel im Kloster Sera Jhe. Und ich danke ganz besonders meiner Frau, die mich ein Jahr lang bei der Arbeit an diesem Buch begleitet und beraten hat.

Die Linien der interviewten Tulkus

(mit Angabe der Seitenzahl)

1) Linienname: Dagri Tulku – Seite 88, 172 ff.
Geburtsjahr u. -ort: 1958 in Tibet
Gründer der Linie: Khanchen Gyatso Thage, Kham, Osttibet.
Vorgänger: Verstorben 1957 oder 1958
Alter bei Auffindung: Etwa 1 Jahr
Kloster in Tibet: Gari Gompa nahe Lhasa
Kloster in Indien: Labrang in Sera Jhe
Tulku-Status: Tsogchen Tulku. Der 5. bzw. 32. in der Linie
Tradition: Gelugpa

2) Linienname: Demo Choktrul Rinpoche – Seite 36, 171
Geburtsjahr u. -ort: 1981 in Tibet
Gründer der Linie: Konchok Jungne (15. Jhdt.)
Vorgänger: Demo Losang Jamphel Lungtok Tenzin Gyatso, ver-
storben 1969 oder 1973 in Tibet
Alter bei Auffindung: 5 Jahre
Kloster in Tibet: Demo Choezing Gompa im Distrikt Kongpo,
Südtibet
Kloster in Indien: Labrang in Drepung Loseling
Tulku-Status: Tsogchen Tulku. Platz in der Linie nicht genau be-
kannt
Tradition: Gelugpa

3) Linienname: Kyabje Dorje Chang Tulku (Serkong Choktrul
Rinpoche) – Seite 42–43
Name: Tenzin Ngawang Tsultrim
Geburtsjahr u. -ort: 1980 in Mysore, Südindien
Gründer der Linie: Ngawang Tsultrim Dhonden (Linienname s.
1918)

Vorgänger: Serkong Dorje Chang Thupten Tsewang Rinpoche, verstorben 1979
Alter bei Auffindung: 3 Jahre
Kloster in Tibet: Tsetang Ngamchoe Gompa, Distrikt Lhoka, Südtibet.
Rioye Choeling Gompa, Distrikt Lhoka, Südtibet.
Kloster in Indien: Tsekong Gompa, Kathmandu. Labrang in Ganden Jangtse.
Tulku-Status: Tsogchen Tulku. Der 27. in der Linie
Tradition: Gelugpa

4) Linienname: Gomo Tulku – Seite 85, 93, 103 ff.
Name: Tenzin Lhundrup Sangpo
Geburtsjahr u. -ort: 1988 in Montreal
Gründer der Linie: Sonam Rinchen, 11. Jhdt.
Vorgänger: Tenzin Dhonyag Choki Nyima Gomo (1921–1985)
Alter bei Auffindung: 5 Jahre.
Kloster in Tibet: Phempo Ganden Choekor Gompa nahe Lhasa
Kloster in Indien: Labrang in Sera Jhe
Tulku-Status: Tsogchen Tulku. Der 23. in der Linie
Tradition: Gelugpa

5) Linienname: Kyabje Ling Choktrul Rinpoche – Seite 78 f., 84, 124
Geburtsjahr u. -ort: 1985 in Ilabat/Bir, Nordindien
Gründer der Linie: Ragom Jhagge
Vorgänger: Yongzin Kyabje Ling Rinpoche, der 97. Ganden Tripa (1902–1983)
Alter bei Auffindung: 2 Jahre
Kloster in Tibet: Mara Gompa u. Gyating Gompa nahe Lhasa, Darghye Ling Gompa u. Tsarong Gompa in Kham, Kyabsang Gompa in U-Tsang
Kloster in Indien: Labrang in Drepung Loseling
Tulku-Status: Tsogchen Tulku. Der 22. in der Linie
Tradition: Gelugpa

6) Linienname: Shiwalla Choktrul Tulku – Seite 107
Geburtsjahr u. -ort: 1980 in der Nähe von Rappertswiel/Schweiz

Gründer der Linie: Shiwalla (Shantideva), buddhistischer Meister
  der Nalanda-Universität in Indien (685–763)
Vorgänger: In Tibet gestorben
Alter bei Auffindung: 7 Monate
Kloster in Tibet: Jampa Ling Gompa in Chamdo (Kham)
Kloster in Indien: Labrang in Sera Jhe
Tulku-Status: Tsogchen Tulku
Tradition: Gelugpa

7) Linienname: Tenzin Bhuchung Tulku – Seite 81, 87–88, 171
Geburtsjahr u. -ort: 1977 in Tibet
Gründer der Linie: Der 84. Ganden Tripa, um 1833
Vorgänger: Losang Lungrig Gyatso. Von den Chinesen getötet
Alter bei Auffindung: 6 Jahre
Kloster in Tibet: Darghye Gompa in Kham Dargye, Osttibet
Kloster in Indien: Sera Jhe, kein eigener Labrang
Tulku-Status: Datsang Tulku. Platz in der Linie nicht bekannt
Tradition: Gelugpa

8) Linienname: Thomthok Tulku – Seite 38, 89
Geburtsjahr u. -ort: 1977 in Bomdila, Nordostindien
Gründer der Linie: Lhalung Penlung (?), um 850
Vorgänger: In Tibet verstorben
Alter bei Auffindung: 4 Jahre
Kloster in Tibet: Yonru Rabgye Ling Gompa in Lithang, Osttibet.
  Labrang im Kloster Lithang, Osttibet
Kloster in Indien: Labrang in Sera Jhe
Tulku-Status: Tsogchen Tulku. Der 13. in der Linie
Tradition: Gelugpa

9) Linienname: Kyabje Trijang Rinpoche – Seite 37, 68, 95 ff., 108,
  153, 161
Geburtjahr u. -ort: 1982 in Dalhousie, Nordwestindien
Gründer der Linie: Trijang Jangchub Choephel, der 66. Ganden
  Tripa
Vorgänger: Yongzin Kyabje Trijang Rinpoche (1900–1981)
Alter bei Auffindung: 3 Jahre

Kloster in Tibet: Sampel-Ling in Chatring
Kloster in Indien: Labrang in Ganden Shartse. Lebt seit 1996 im
    Kloster Rabten Choeling in der Schweiz
Tulkus-Status. Tsogchen Tulku. Der 4. in der Linie
Tradition: Gelugpa

10) Linienname: Tsawa Tulku – Seite 64
Geburtsjahr u. -ort: 1971 in Indien
Gründer der Linie: Nicht bekannt
Vorgänger: Verstorben in Tibet
Alter bei Auffindung: 4 Jahre
Kloster in Tibet: Jakhyung Gompa in Dome (Kham)
Kloster in Indien: Labrang in Sera Jhe
Tulku-Status: Tsogchen Tulku. Wahrscheinlich der 7. in der Linie
Tradition: Gelugpa

11) Linienname: Tsenshap Serkong Rinpoche (Serkong Choktrul
    Rinpoche) – Seite 84, 118
Name: Tenzin Thupten Ngawang Losang
Geburtsjahr u. -ort: 1984 in Spiti, Nordindien
Gründer der Linie: Serkong Thugse Rinpoche, später Serkong
    Tsenshap Rinpoche genannt (1914–1983)
Vorgänger: Dito
Alter bei Auffindung: 4 Jahre
Kloster in Tibet: Tsetang Ngamchoe Gompa, Distrikt Lhoka, Süd-
    tibet
Kloster in Indien: Tabo Gompa in Nepal. Labrang in Ganden
    Jangtse
Tulku-Status: Tsogchen Tulku. Der 2. in der Linie
Tradition: Gelugpa

12) Linienname: Kyabje Zong Rinpoche – Seite 33 f., 92, 102
Geburtsjahr u. -ort: Mai 1985 im Kulu-Tal, Nordwestindien
Gründer der Linie: Zongtrul Tenpa Choephel (1836–1899)
Vorgänger: Kyabje Zong Rinpoche (1904 –November 1984)
Alter bei Auffindung: 5 Jahre
Kloster in Tibet: Keines

Kloster in Indien: Labrang in Ganden Shartse
Tulku-Status: Tsogchen Tulku. Der 4. in der Linie
Tradition: Gelugpa

13) Linienname: Nupa Kunchok Tenzing Rinpoche – Seite 27, 78
Geburtsjahr u. -ort: Ca. 1970 in Tibet
Gründer der Linie: Nicht bekannt
Vorgänger: Kunchok Tenzing Tulku, verstorben in Tibet
Alter bei Auffindung: Im Mutterleib
Kloster in Tibet: Labrang im Drikung Thi Gompa nahe Lhasa
Kloster in Indien: Jangchubling Drikung Kagyü Institut in Dehra
    Dun
Tulku-Status: Platz in der Linie nicht genau bekannt
Tradition: Drikung Kagyü

14) Linienname: Rangdol Yeshi Rinpoche – Seite 50
Geburtsjahr u. -ort: 1985 in Tibet
Gründer der Linie: Nicht bekannt
Vorgänger: Dong Ngorgen Tulku, verstorben 1985 in Kham.
Alter bei Auffindung: 7 Jahre
Kloster in Tibet: Keines
Kloster in Indien: Jangchubling Drikung Kagyü Institut in Dehra
    Dun
Tulku-Status: Der 3. in der Linie
Tradition: Drikung Kagyü

15) Linienname: Kyabje Thugsey Rinpoche – Seite 81, 114
Geburtsjahr u. -ort: 1986 in Ladakh
Gründer der Linie: Kyabje Thugsey Rinpoche (1916–1983)
Vorgänger: Dito
Alter bei Auffindung: 3 Jahre
Kloster in Tibet: Keines
Kloster in Indien: Druk Thubten Sangag Choling Gompa (Dali
    Gompa)
Tulku-Status: Der 2. in der Linie
Tradition: Drukpa Kagyü

16) Linienname: Kalu Tulku – Seite 83–84
Geburtsjahr u. -ort: 1990 in Sonada, Distrikt Darjeeling
Gründer der Linie: Jamgon Kongtrul Lodrö Thaye der Große
    (1813–1899)
Vorgänger: Kyabje Kalu Rinpoche
Alter bei Auffindung: Im 1. Lebensjahr
Kloster in Tibet: Keines
Kloster in Indien: Samdrup Tarjay Ling in Sonada, Distrikt Dar-
    jeeling
Tulku-Status: Der 3. in der Linie
Tradition: Shangpa-Schule der Karma Kagyü

17) Linienname: Mingyur Rinpoche – Seite 66, 125 f.
Geburtsjahr u. -ort: 1976 in Gangtok (Sikkim)
Gründer der Linie: Lebte zur Zeit des 10. Karmapa (17. Jhdt.)
Vorgänger: Dungo Khentse Rinpoche, verstorben 1974 in Gangtok
Alter bei Auffindung: 3 Jahre
Kloster in Tibet: Terton Gompa in Jönda, Distrikt Chamdo, Ost-
    tibet
Kloster in Indien: Ogyen Kunsang Choekor Ling in Darjeeling
    (Nyingma-Kloster der Kanjur Rinpoches, der 2. Linie des Rin-
    poche)
Lebt im Kloster Sherabling bei Bir, Nordwestindien
Tulku-Status: Der 7. in der Linie
Tradition: Karma Kagyü

18) Linienname: Wangchuk Tulku – Seite 76 f.
Geburtsjahr u. -ort: 1983 in Nordtibet
Gründer der Linie: Lama Choepa (Tutor S. H. des 16. Karmapa),
    verstorben ca. 1959 in Sikkim
Vorgänger: Mit 16 Jahren in einem chinesischen Gefängnis ver-
    storben
Alter bei Auffindung: 8 Jahre
Kloster in Tibet: Keines
Kloster in Indien: Dharma Chakra Center, Rumtek (Sikkim)
Tulku-Status: Der 3. in der Linie
Tradition: Karma Kagyü

19) Linienname: Taklung Matrul Rinpoche – Seite 28–29
Name: Tenzin Kunsang Jigme
Geburtsjahr u. -ort: 1977 in Manali, Nordwestindien
Gründer der Linie: Taklung Thankpa
Vorgänger: Thubten Jigme Choechok Taklung Matrul Rinpoche,
    verstorben 1977 in Dharamsala
Alter bei Auffindung: 11 Jahre
Kloster in Tibet: Nicht bekannt
Kloster in Indien: Buddhist School of Dialectics in Dharamsala
Tulku-Status: Der 11. oder 14. in der Linie
Tradition: Taklung Matrul Schule der Kagyü-Tradition

20) Linienname: Jangchub Nyima Rinpoche (Khunu Tulku) –
    Seite 102
Geburtsjahr u. -ort: 1978 in Dänemark (Mutter Dänin)
Gründer der Linie: Khunu Lama Tenzin Gyatso
Vorgänger: Dito
Alter bei Auffindung: 3 Jahre
Kloster der Vorgängers: Keines. Gehörte keiner speziellen Schule
    der Nyingmapa an.
Kloster in Indien: Kloster Mindrolling in Dehra Dun
Tulku-Status: Der 2. in der Linie
Tradition: Mindrolling Schule der Nyingmapa

21) Linienname: Khenchen Rinpoche – Seite 62, 75, 125
Name: Khentrul Jigmey Namgyal
Geburtsjahr u. -ort: 1970 in Indien
Gründer der Linie: Khenchen Tempa Nyima, um 1548
Vorgänger: Ngawang Khenchen Norbu (1893-1967)
Alter bei Aufindung: Nicht bekannt
Kloster in Tibet: Nicht bekannt
Kloster in Indien: Labrang im Kloster Mindrolling
Tulku-Status: Der 9. in der Linie
Tradition: Mindrolling-Schule der Nyingmapa

22) Linienname: Tulku Ngedon – Seite 99, 165 ff.
Geburtsjahr u. -ort: 1971 in der Schweiz

Gründer der Linie: Mitarbeiter von Kunzang Sherab (1636–1699),
 Gründer der Palyul-Schule der Nyingmapa)
Vorgänger: In Tibet verstorben
Alter bei Auffindung: 11 Jahre
Kloster in Tibet: Ngura Hosel Choeling Gompa (Kham)
Kloster in Indien: Labrang im Kloster Namdroling/Südindien
Tulkus-Status: Platz in der Linie nicht bekannt
Tradition: Palyul-Schule der Nyingmapa

23) Linienname: Dhongtsang Shabdrung Tulku – Seite 103
Geburtsjahr u. -ort: 1992 in Mysore, Südindien
Gründer der Linie: Dhongyon Lama Tenzin Phuntsok
Vorgänger: Dhongtsang Shabdrung Tulku (Bruder des 16. Karmapa)
Alter bei Auffindung: 7 Jahre
Kloster in Tibet: In Kham
Kloster in Indien: Ngor E-Wam Centre, Mandulawa/Dehra Dun
Tulku-Status: Der 4. in der Linie
Tradition: Ngorpa-Schule der Sakyapa

Anmerkung: Schreibweise der Titel, Namen und Orte entsprechend den Angaben der Tulkus

Literaturverzeichnis

Bache, Christopher M.: *Das Buch von der Wiedergeburt*, München 1993

Bärlocher, Daniel: *Testimonies of Tibetan Tulkus*, 2 Bde, Tibet Institut Rikon 1982

Brauen, Martin: *Impressionen aus Tibet*, Innsbruck 1974

Brück, Michael v.: *Religion und Politik im tibetischen Buddhismus*, München 1999

Brück, Regina und Michael v.: *Die Welt des tibetischen Buddhismus*, München 1996

Dalai Lama: *Die Buddha-Natur*, Grafing 1996

Dalai Lama: *Yoga des Geistes*, Hamburg [2]1991

Dalai Lama: *Gesang der inneren Erfahrung*, Hamburg 1993

Dalai Lama: *Logik der Liebe*, München 1984

Dalai Lama: *Die Lehre des Buddha vom Abhängigen Entstehen*, Hamburg 1996

Dalai Lama/Jean-Claude Carrière: *Die Kraft des Buddhismus und der Zustand der Welt*, Freiburg [2]1998

Geshe Lhundup Sopa, Roger Jackson und John Newman: *The Wheel of Time*, Madison 1995

Govinda, Lama Anagarika: *Das Buch der Gespräche*, München 1998

Hayward, Jeremy/Francisco J. Varela (Hrsg.): *Gewagte Denkwege*, München [2]1998

Jamgon Kongtrul Lodrö Taye: *Enthronement. The Recognition of the Reincarnate Masters of Tibet and the Himalayas*, Ithaca, N.Y. 1997

Kalu Rinpoche: *The Dharma*, Delhi 1995

Mackenzie, Vicki: *Die Wiedergeburt*, München 1994

Mackenzie, Vicki: *Im Westen wiedergeboren*, München 1996

Rohde, Erwin: *Psyche,* Darmstadt 1980
The Tibet Bureau: *Zum Thema Dholgyal.* Statement v. 3. 6. 1988
Van der Waerden, B. L.: *Die Pythagoräer,* Zürich/München 1979
Varela, Francisco (Hrsg.): *Traum, Schlaf und Tod,* München 1998

Stichwortverzeichnis

Buddhismus erleben

Dalai Lama
Der Weg des tibetischen Buddhismus
Eine Einführung
Band 4900
Unentbehrlich als Standardwerk für das Verständnis dieser großen
Religion in der authentischen Darstellung des Dalai Lama.

Ama Adhe
Doch mein Herz lebt in Tibet
Die bewegende Geschichte einer tapferen Frau
Band 4854
Die bewegende Geschichte einer starken Frau. „...ich bin glücklich,
daß sie überlebt hat, um diese Geschichte zu erzählen." (Dalai Lama)

Sangharakshita
Einführung in den tibetischen Buddhismus
Band 4731
Einblicke in eine faszinierende Welt und Kultur, geprägt von einer
reichen spirituellen Tradition. Alles, was man über den tibetischen
Buddhismus und seine praktischen Lehren wissen muß.

Claude B. Levenson
Ein Dalai Lama wird geboren
Wiedergeburt und Berufung des 14. Dalai Lama
Band 4710
Das spannende Sachbuch über das Auffinden der Reinkarnation des
„Buddha der Leidenschaft". Und zugleich über die geistigen Kräfte einer
jahrtausendealten Kultur.

Dalai Lama
Tod und Unsterblichkeit im Buddhismus
Über die Buddha-Natur
Vorwort von Václav Havel
Band 4555
Wegweisende und grundsätzliche Antworten auf Kernfragen mensch-
lichen Lebens.

HERDER spektrum